Clemens Brentano
Rheinmärchen

Zweiter Band

Clemens Brentano

Das Märchen von dem Hause Staarenberg und den Ahnen des Müllers Radlauf

Rheinmärchen
Zweiter Band

Illustriert von Renate Seelig
Mit einem Nachwort von
Henning Boetius

Büchergilde Gutenberg

Inhalt

Radlauf erzählt, wie er den Kohlenjockel, den Kauzenveitel und den Grubenhansel fand, auch von der alten Mühle und den zwölf Mühlknappen und wie er mit dem Leichenzug des schwarzen Hans vom Wasser verschlungen wurde.

Liebe Männer und Frauen von Mainz, vor allem muß ich euch erzählen, wo ich so lange gewesen bin, nun hört also: Schon seit mehreren Jahren hatte ich einen schönen schwarzen Starmatz in einem Käfig auf meiner Mühle; er war mir von freien Stücken zugeflogen und war gleich so vertraut mit mir gewesen, als kennten wir uns von Kindesbeinen auf; wenn ich in meiner Mühle herumging, hüpfte er mir von einem Sack zum andern nach; wenn ich aß, saß er auf meinem Tisch. Nie beschmutzte er etwas; wenn ich ihm abends den Käfig nicht verschlossen, fand ich ihn morgens oft dicht neben meinem Kopf auf meinem Bett sitzen. Kurz, er war voll Freundschaft zu mir, und sozusagen verständig wie ein Mensch; nur eine Eigenschaft aller übrigen Staren vermißte ich an ihm, die Lust zu schwätzen; nie ließ er einen Laut von sich hören, ich mochte ihm vorplaudern, vorpfeifen, sein Schnabel blieb verschlossen. Wenn ich manchmal gar zu sehr in ihn drang, sich doch vernehmen zu lassen, oder wenn ich ihn gar einen recht dummen stummen Vogel nannte, glaubte ich ihn traurig seufzen zu hören und sah ihn den Kopf schütteln. So hatte ich mich ganz an sein Wesen gewöhnt, und wir verstanden uns vollkommen.

An dem Tag aber, da ich meine geliebte Braut Ameley aus dem Wasser zog und in meine Mühle führte, war mein schwarzer Hans auch ganz ungewöhnlich traurig; er hing die Flügel und den Kopf, als sollte er sterben. Die Prinzessin machte in der Stube und ich in der Kammer den Küchenzettel; wie erschrak ich nicht, als mein Vogel plötzlich anfing zu sprechen; er sagte mir, daß er der Fürst von Staarenberg sei, und daß er die Prinzessin Ameley noch einmal sehen wolle und dann sterben; dabei sah er so vornehm aus und hatte eine so adelige melancholische Miene, daß ich ihm meinen Respekt nicht genug bezeugen konnte; ich öffnete ihm die Tür, er ging zu der Prinzessin Ameley, sagte ihr abermals, er sei der junge Fürst von Staarenberg und wolle nun sterben; dabei zog er vor ihren Augen eine goldene Nadel, die er unter dem Flügel trug, hervor und stach sie sich durchs Herz, daß sie vor Schrecken ohnmächtig niedersank. Wir rupften und brieten und aßen den liebenswürdigen Selbstmörder unter bittern Tränen, und ich habe ihn nie vergessen können.

Als ich nun glücklich hier aus dem bösen Königskerker entkommen war, fand ich auf meiner Mühle einen Mehlsack, worauf mir des seligen Herrn von Staarenberg Hochwohlgeborne Gnaden ihren Letzten Willen geschrieben; ich sollte mit diesem Sack und dem Siegelring, den ich im Käfig fand, nach dem Schwarzwald gehen und mich bei dem Grubenhansel als sein Erbe melden; und dahin machte ich mich nun auf den Weg, und daher komm ich nun zurück. Nun hört aber zu.

Nach vielen Tagereisen sah ich endlich ein dunkles waldiges Gebirge wie eine Gewitterwolke vor mir aufsteigen; je näher ich kam, je höher ward es; nun kamen mir eine Menge Bauernwägen mit Holz entgegen; ich fragte einen nach dem andern, ob dies der Schwarzwald sei? Ja, sagten sie. »Wo wohnt denn der Grubenhansel?« fragte ich; das wußte aber keiner.

Ich ging nun bergan; da krochen arme Weiber und Kinder unter den Bäumen herum und suchten sich Reiserholz zusammen. »Ihr guten Leute, wo wohnt der Grubenhansel?« Sie wußten es nicht. Ich ging in einer wilden Waldschlucht an einem Bächlein hinauf; da grasten Ziegen und Kinder saßen dabei und schnitzten Kienspäne. »Ihr Kinder, wo wohnt der Grubenhansel?« – Aber kaum daß ich diese Worte gesagt hatte, flohen sie mit großem Geschrei vor mir in die Gebüsche.

Ich zog immer weiter in den Wald; es ward immer dichter und wilder und stiller. Da hörte ich eine Weiberstimme singen; ich ging auf sie los. Sie suchte

Arzneikräuter und grub Wurzeln und war eine Frau von etwa fünfzig Jahren; ich fragte sie freundlich, wo der Grubenhansel wohne? Sie lachte mir ins Gesicht und sprach: »Das weißt du gewiß so gut als ich, du willst meiner nur spotten«, – und so oft ich ihr auch versicherte, daß ich es nicht wisse, sprach sie immer wieder: »Du willst mich zum Narren halten, wer wird das nicht wissen.«

Unwillig über sie ging ich tiefer in den Wald; da kam ich auf einen offnen Platz, wo Kohlen gebrannt wurden; ich suchte rings herum nach dem Köhler, konnte ihn aber nicht finden; endlich hörte ich etwas schluchzen und weinen; die Stimme kam aus dem hohlen Baum. Als ich nahe hinzu trat, fand ich einen alten greisen Mann, wohl siebzig Jahre alt, in dem Baume stecken; er drehte das Gesicht weg, so daß er mich nicht sah, und schrie immer: »Kauzenveitel, schlag den Kohlenjockel nicht mehr!«

Mit vieler Mühe überzeugte ich ihn, daß ich der Kauzenveitel nicht sei und ihn auch nicht schlagen wolle; und da der alte wunderliche Mann endlich aus dem Baum herausgekrochen war, sperrte er vor Erstaunen über mich das Maul auf.

Ich fragte ihn, warum er weine. »Ach«, sagte er, »mein Vater hat mir Schläge gegeben.« – »Wer ist denn Euer Vater?« sagte ich. »Ich bin der Kohlenjokkel«, erwiderte er, »mein Vater ist der Kauzenveitel.« Hierauf fragte ich ihn, wo der Grubenhansel wohne.

»Eine Stunde von hier«, sagte er. »Führe mich doch zu ihm«, sprach ich. – »Behüte Gott«, erwiderte er, »wenn mich mein Vater erwischte, daß ich spazieren ging, er schlüge mir Arm und Bein entzwei.« Nach diesen Worten lief er an seinen Kohlenhaufen und arbeitete ängstlich. Höchst verwundert über dieses alte Kind ging ich tiefer in den Wald; selten erblickte ich ein wenig blauen Himmel über mir; die Eiche deckte mit ihren breiten Armen alles zu, aber die Vögel sangen und schrien laut durcheinander, und es gellte ihr grelles Pfeifen von den Felsen ringsum zurück.

Nun bemerkte ich hie und da Sprenkel und Dohnen und sonst allerlei Schlingen gestellt, in denen sich verschiedene Vögel gefangen hatten; dann kam ich an einen Vogelherd; dann an eine Krähenhütte; zuletzt aber an einen ziemlich hohen blätterlosen Baum, auf welchem ein so entsetzlich großer Eulenkauz saß, daß ich ihn vor Schrecken kaum ansehen konnte. Die Vögel, groß und klein, Auerhahnen, Birkhähne, Kraniche, Trappen, Fasanen, Tauben und alle Arten von Singvögel flogen um das Ungeheuer herum und schrien es an; wenn sie sich aber auf den Baum setzten, der mit Vogelleim bestrichen und mit vielerlei Schlingen behängt war, waren sie gefangen; und wie erschrak ich nicht, als der große Eulenkönig einen Arm mit ordentlichen Fingern unter dem Flügel hervorstreckte und nach den gefangenen Vögeln griff.

Ich tat vor Schrecken einen lauten Schrei, worauf der Kauz mich bemerkte und zusammenfahrend mir entgegenrief: »Nun, nun Bengel! Erschreck die Leute nicht so, du jagst mir ja alle Vögel hinweg.« Nach diesen Worten kam das Untier den Baum herabgeklettert; meine Angst war nicht klein, und ich wollte eben entfliehen; aber die Frau, die ich früher Kräuter suchen sah, trat mir in den Weg: »Ha, ha, Landsmann, bist du auf dem Weg«, sagte sie mir, und somit wendete sie sich gegen den großen Kauz, den ich nun in der Nähe als ein steinaltes Männchen erkannte, das aus einem Kittel von Eulenfedern herausguckte.

Sie küßte ihm die Hand und sprach, indem sie ihm einen Bündel Wurzeln und Kräuter gab: »Guten Abend, lieber Großpapa Kauzenveitel! Der Papa Kohlenjockel läßt seinen untertänigen Respekt vermelden und schickt Ihnen hier die verlangten Kräuter *herbas* und die Wurzel *radix*; er läßt euch nochmals recht sehr um Verzeihung bitten, daß er dem lieben Großpapa ungehorsam war und die Kräuter erst heut geschickt; ach, er hat den ganzen Nachmittag geweint, weil ihn der liebe Großpapa geschlagen; ach, ich bitte recht sehr für ihn um Verzeihung« – und dabei schmiegte sich das Weib an den Alten wie ein schmeichelndes Kind und strich ihm den Bart.

Er sagte nun zu ihr: »Ja, ja, ich weiß schon, wenn er etwas angestellt hat, schickt er dich immer, Abbitte zu tun, du Schmeichelkatze, weil er weiß, daß ich dir, du närrische Wurzelgrete, nichts abschlagen kann; nun geh nur hin und sage dem Vater, es solle alles gut sein; da, bring ihm den Braten mit« – und somit gab er ihr einen Trappen und einen Kuß; sie nahm den Vogel wie eine Puppe auf den Arm, küßte dem lieben Großpapa die Hand und ging singend ab.

Ich war ganz stumm vor Verwunderung über diese Leute und stand dem Kauzenveitel gegenüber, der ganz ruhig die Kräuter betrachtete und dazu sang: »Was man doch mit seinen Kindern für tausenderlei Sorge und Plage hat« – dabei schlug er einen langen Triller wie eine Nachtigall, und als er fertig war, sagte er: »Was willst du?« – »Ach Gott«, sagte ich, »ich

möchte gern zum Grubenhansel, können mir der Herr Kauzenveitel nicht sagen, wo er wohnt?« – »Tölpel«, erwiderte er, »ich werde doch wissen, wo mein Papa wohnt! Übrigens ist es gut, daß Ihr dahin wollt, so könnt Ihr ihm die Kräuter mitnehmen, und ich brauche nicht selbst hinzulaufen; der gute Mann fängt an und kommt in die Jahre und hat immer etwas zu predigen; solchen Leuten kann man nichts recht machen; er hat mich gestern erst geschlagen, und drum hab ich den Kohlenjockel heut früh recht ausgeklopft; denn Kinderzucht muß sein in dieser argen Welt; geht nur immer dem Pfad nach, hier habt Ihr die Kräuter, vermeldet ihm meinen gehorsamen Respekt.« – Als er dies gesagt, wendete er sich von mir und kletterte wie eine wilde Katze in ein paar Sprüngen den Baum hinauf, wozu er sang: »Ich bin erst hundert Jahre alt, unschuldig und nichts weiter.« Ich ging mit meinen Kräutern schnell fort, denn der Kauzenveitel machte mir angst und bang.

Als ich eine halbe Stunde durch die bewachsenen Felsen gezogen war, rauschte mir ein kleiner Fluß entgegen, an dem sich der Weg verlor; ich wußte nun nicht mehr wohin, auch getraute ich mich nicht durchzuwaten, weil das Wasser reißend und tief war; die Sonne war bereits untergegangen, nur an den höchsten Baumgipfeln hing noch ein wenig Glanz, und es wurde sehr schaurig im Wald; ich setzte mich nieder und holte ein Stück Brot aus der Tasche und gedachte schon mein Nachtlager hier in der Wildnis zu halten. Das Rauschen des wilden Flusses zu meinen Füßen, die Ruhe und Einsamkeit erinnerten mich an den Rhein und an Ameley, und ich sang mir ein Abendlied.

»Weit bin ich einher gezogen
Über Berg und über Tal,
Der treue Himmelsbogen,
Er umgibt mich überall.

Unter Eichen, unter Buchen,
An dem wilden Wasserfall
Muß ich nun die Herberg suchen
Bei der lieb' Frau Nachtigall.

Die im brünst'gen Abendliede
Ihre Gäste wohl bedenkt,
Bis sich Schlaf und Traum und Friede
Auf die müde Seele senkt.

Und ich hör dieselben Klagen
Und ich hör dieselbe Lust
Und ich fühl das Herz mir schlagen
Hier wie dort in meiner Brust.

Aus dem Fluß, der mir zu Füßen
Spielt mit freudigem Gebraus,

Mich dieselben Sterne grüßen
Und so bin ich hier zu Haus.

Echo, nimm dir recht zu Herzen
Und erlern die Melodie
Meiner Freuden, meiner Schmerzen:
Ameleya, Ameley!
Blühet stolz, ihr Königskerzen,
Ameleya, Ameley!«

Als mir das Echo vom jenseitigen Ufer diese Worte immer entgegenrief, fand ich ein solches Vergnügen an der Wiederholung dieses Namens, daß ich ihn wohl eine halbe Stunde lang in süßer Träumerei bald leiser aus tiefster Seele, bald laut aus voller Seele durch die Stille der Einsamkeit ertönen ließ, und mein Herz wuchs mir dabei in der Brust, als wolle es sie zersprengen.

Nun stieg der volle Mond über den Bäumen herauf, und es war mir, als sei es das Antlitz meiner lieben Ameleya, und meine Wirtin, die liebe Frau Nachtigall, begann von neuem süßer als je zu locken; und fest entschlossen, dem Mond so lang ins Auge zu schauen, bis ich entschlief und morgens erwachend ihn in die Sonne verwandelt sähe, sang ich, um zwischen Mond und Sonne, diesen zwei leuchtenden Bergen, in die wundervolle Gruft der Träume niederzusteigen, folgende Strophen:

»Wunderinseln, sel'ge Augen,
Die ein liebes Antlitz sehn,
In dem Monde untertauchen,
In der Sonne auferstehn.

Sonn und Mond, ihr lichten Hügel,
Schließet ein die irdsche Kluft,
Und das Leben senkt den Flügel
In des Traumes Zaubergruft.

Wo die Tiefe sich entsiegelt,
Und die Liebe frank und frei
In der ganzen Seele spiegelt
Ameleya, Ameley!«

Hierauf gab das Echo eine wunderliche Antwort, es sang nämlich:

»Heiapopeia, Heiapopei
Ei ja, ei ja, ei, ei, ei!
Welch ein einerlei Geschrei!«

Hierüber verwundert, sprang ich auf und sah auf dem jenseitigen Ufer einen langen alten Mann mit einem großen weißen Bart stehen, der ihm wie ein Wasserfall über die Brust herabwallte; er hatte einen Stock oder vielmehr einen ziemlich jungen Baumstamm in der Hand, und da er mich erblickte, sagte

er: »Liebster Freund und Gönner, du vollführst ja einen gewaltigen Lärm mit deinem Wiegenliede; es kann ja weder Mensch noch Vieh vor deinem ewigen Heiapopeia schlafen; das währt ja schon eine geschlagene Stunde; ich glaube, wenn man mir vor hundertundzwanzig Jahren, da ich noch ein Kind war, dergleichen vorgesungen hätte, ich wäre noch nicht aufgewacht. Wer bist du aber, und was suchst du hier?« Da sagte ich ihm, daß ich zum Grubenhansel wollte und nicht über den Fluß könnte.

Auf diese Worte ging der Alte schnurstracks durch das Wasser auf mich zu, nahm mich wie ein leichtes Bündel unter seinen Arm und trug mich nicht nur durch das Wasser zurück, sondern auch ein gut Stück weiter bis vor seine Hütte, wo er mich mit den Worten niedersetzte: »Nun bist du bei dem Grubenhansel, nun richte deinen Auftrag aus.« – Er führte mich bei der Hand in seine Wohnung, die in einem Felsenkeller bestand, dessen Wände mit den wunderbarsten Kristallen, Edelsteinen, Gold- und Silbererzstufen ausgelegt waren, welche von der Beleuchtung einer Lampe so herrlich durcheinanderschimmerten, daß einem das Herz lachte.

Ich gab ihm die Kräuter des Kauzenveitels, wobei er sehr auf diesen zankte und ihn einen naseweisen, faulen Jungen nannte; sodann gab ich ihm meinen Mühlknappenbrief und den Sack, worauf der schwarze Hans sein Testament geschrieben, und kaum hatte er dies gelesen, als er mich scharf anblickte und mich dann mit großem Ungestüme umarmte: »Ach, Gott sei Dank«, sagte er, »so sehe ich doch endlich ein Kind meines lieben unglücklichen Ur-Ur-Ur-Urenkels bei menschlichem Leibe; nun kann ich doch endlich hoffen, des langweiligen Lebens los zu werden und einmal zu sterben.« Dabei lachte und weinte er und trocknete sich die Tränen immer mit seinem Bart ab. »Ach Gott!« sagte ich, »Ihr wäret also mein Ur-Ur-Großältervater?« – »Ja«, erwiderte er, »und morgen sollst du meinen Vater sehen; das ist erst ein respektabler Mann, gegen den bin ich nur ein junger Aufschößling zu nennen.«

»Liebes Ahnherrchen«, sprach ich mit inniger Angst, »wann hat es denn ein Ende? Wird der mir denn auch einen Vater zu zeigen haben?« – »Ach«, erwiderte der Alte, »das kann er nicht, er ist eine arme Waise seit seiner frühesten Jugend; aber jetzt mußt du schlafen gehen, und zwar in deiner Mühle, in deines Vaters Mühle, in meiner Mühle. Morgen früh hole ich dich; komm mit, es ist kaum hundert Schritte von hier; ich war erst vor sechzig Jahren drin, und es wird noch alles in Ordnung sein; doch muß ich dich bitten, alles so zu machen, wie es einem rechtschaffenen Mühlburschen zukommt.«

Ich war so erstaunt, daß ich ohne ein Wort zu reden mitging. Er führte mich einen steilen Weg hinab, und neben uns brauste der Strom. Da führte er mich durch einen Garten, in dem die ungeheuersten Eichen standen, in eine Mühle, die meines Vaters Mühle am Rhein wie zwei Tropfen Wasser glich, und hier sagte er mir gute Nacht und verließ mich.

Da stand ich nun allein in einem wildfremden Hause; kein Licht hatte ich und sollte doch zu Bette gehen. Nachdem ich ein paar Minuten stille gestanden, wurde mir, als sei ich zu Hause am Rhein; ich ging links an den kleinen Schrank, wo dort das Feuerzeug stand, und siehe da, ich fand den Schrank, ich fand das Feuerzeug; schnell schlug ich Licht und

ging mit dem brennenden Schwefel nach der Stelle, wo am Rhein die Lampe an einem Pfeiler hing; ich fand den Pfeiler und die Lampe; aber es war kein Öl drinnen, ich steckte daher einen Kienspan an, und wie das Licht um mich her leuchtete, sah ich alles, alles rings um mich: Treppen, Räder, Mühlbeutel, Türen und Hausrat wie zu Hause; ja der Mondschein fiel durch einen Spalt in der Stubentür auf den Hausflur wie zu Haus; ich eilte in die Stube selbst: Da stand der Tisch, der Stuhl, das Bett wie zu Haus. Ich war wie in einem Traum und eilte nun noch hinaus auf den Mühldamm, um zu sehen, ob denn auch der Rochusberg mir gegenüberstehe und ob ich denn wirklich am Rhein sei. Alle kleinen Gänge und Stufen bis zu dem Damm waren dieselben. Mir gegenüber war ein Berg mit einem hochgetürmten Schloß; es war aber nicht die Rochuskapelle, und vor mir breitete sich der weite Spiegel eines Sees aus, und es war der Rhein nicht; doch machte die Gegend mir einen ähnlichen Eindruck, nur stiller, einsamer, weiter und ernsthafter. Lang saß ich und sah in die grünen Wellen des Sees, den Mond und die Sterne an; aber die Augen sanken mir, ich vergaß ganz, wo ich war und ging in meine Stube zurück und legte mich aufs Bett.

Ich hatte die Gewohnheit zu Hause, indem ich mich niederlegte, an der Klingel zu ziehen, um meine Mühlburschen zu erwecken, und so griff ich denn auch hier im Dunkeln nach der bekannten Schelle, fand sie, klingelte und legte mich nieder.

Kaum aber hatte ich wenige Minuten gelegen, so hörte ich ein verwirrtes Plaudern und Lärmen in der Mühle, das mich nicht wenig ängstigte: »Kunz, steh auf!« schrie einer, »die Reihe ist an dir; fülle den Trichter auf!« – »Ei, Dietz!« schrie der andere, »du hast's verschlafen, du bist dran.« – »Martin! Martin, das ist ein dummer Spaß«, rief ein anderer zornig, »das hast du getan, mich so in Haare einzuwickeln.« – Endlich schrie ein anderer: »Was ist das? Die Mühle steht ja still! Wartet, ihr Schelme, wenn das Meister Radlauf merkt!« – Und so ward das Gespräch immer heftiger, und bald ward es ein lautes Getös und Schimpfen.

Ich geriet darüber in eine wunderliche Unruhe, weil ich geglaubt, die Mühle sei ganz unbewohnt; da ich nun endlich meinen Namen Meister Radlauf hörte, ermannte ich mich, trat mit dem Licht an die Türe und rief heraus: »Nur die Räder sollen in der Mühle lärmen, die Knappen aber fein ehrbar und züchtig sein; tretet alle herein und sagt mir euern Streit, damit ich Gerechtigkeit handhabe.« – Kaum hatte ich dies gesprochen, als zwölf wunderbar alte Männer zu mir hereintraten, ich erstaunte aber kaum so sehr über dieselben als sie selbst über einander und über mich; ja sie waren vor Schrecken über die langen grauen Bärte, die sie hatten, und über ihre alten Gesichtszüge ganz außer sich und gerieten endlich in eine solche Angst, daß sie wie die Kinder weinten. Mit Mühe brachte ich es dahin, daß einer von ihnen für alle die anderen folgendermaßen sprach:

»Liebster Meister, wir müssen wohl erschrocken sein, und wundert es mich, daß Ihr selbst nicht bestürzter erscheint; seht uns an, wir sind durch Hexerei grau und alt geworden; gestern tanzten wir auf der Kirchweihe alle andern Burschen nieder; wir waren die letzten auf dem Platz, und alle Mägdlein gaben uns den Preis und banden uns die Bänder von ihren Mützen um die Hüte; ach Gott, noch höre ich das Hackbrett zimpern und den Dudelsack summen; noch ist mir, als wenn der Tanzboden sich mit mir umdrehte, und nun, da wir durch Eure Klingel erweckt wurden, finden wir uns alt, müd, verdorrt und verrunzelt und in unsere langen grauen Bärte verwickelt, und seht den Jammer nur an! Seht hier den Kirmeskuchen, den wir gestern frisch mit nach

Hause brachten, er ist so hart als unsere Mühlsteine; da jeder erwachend nach seinem Kuchen griff, bissen sich mehrere die alten Zähne aus und schlugen dem andern ein Loch mit dem Kuchen in den Kopf, weil jeder glaubte, der andere habe ihm einen Schabernack angetan. Ach, und Ihr selbst, Meister, seid so ganz ruhig, als sei nichts geschehen; seht Euch doch einmal näher an; Ihr habt ja eine ganz wunderliche Tracht auf dem Leibe und habt die Haare zugestutzt, wie ich mein Tage nichts gesehen.«

Ich sagte ihm, daß dies bei mir zulande am Rhein die gewöhnliche Kleidung der Müller sei, daß sie im Gegenteil Jacken anhätten wie mein seliger Vater, als er vor vierzig Jahren an den Rhein gezogen. – »Das ist wieder wunderbar gesprochen, Euer Vater ist ja frisch und gesund und hat gestern auf der Kirmes mitgetanzt; er war sein Lebtag nicht am Rhein; er ist noch nie von seiner Köhlerhütte weggekommen.« – Nun ward mir endlich der Wirrwarr zu groß und ich sagte, um sie loszuwerden: »Schweigt und tut eure Pflicht, bringt die Mühle in Gang, der Tag wird alles erklären.« Aber lange ward ich sie nicht los, sie stürzten schnell wieder herein und versicherten mir, der Teufel müsse sein Spiel mit der Mühle gehabt haben, denn es seien ganz dicke Bäume quer durch das Mühlrad von der entgegengesetzten Felswand durchgewachsen und das Rad sei halb verfault. Unter solchen Klagen und Verwirrungen brach der Tag an, die Schwalbe begann in dem Nest zu schwätzen, und ein frischer kühler Wind strich über den See und kräuselte seine Wellen, und wie es heller wurde, begrüßten die alten Mühlknappen alles um sich herum mit neuem Erstaunen. Der eine sah das Korn aus dem Mühltrichter herausgewachsen, der andere sah ein Loch im Dach, die Säcke waren vermodert und geplatzt; der Wind, der durch die verfallene Mühle gestrichen war, hatte die Körner durch die ganze Gegend geweht, und rings um die Mühle standen dichte Ährenfelder; vor allem aber ward ihr Schrecken groß, als sie statt der beiden wachsamen Hunde vor der Mühle zwei glänzende, von Regen und Sonne weißgebleichte Gerippe in den Hütten an Ketten liegen sahen. Da fühlten sie zuerst tiefer, daß es seit gestern wohl lange her sein müsse, und als sie in den Stall kamen und die sechs Esel des Müllers auch nichts mehr waren als Gerippe, durch deren Rippen Distelstöcke, die sie sonst gefressen, frei durchwuchsen, brachen sie in ein lautes Jammern aus. Als ich so ihren seltsamen Klagen zuhörte, sah ich den Grubenhansel herankommen und hoffte, daß er diese närrischen alten Knappen zur Ruhe bringen würde.

Als sie ihn erblickten, schrien sie alle: »Ach, Urgroßväterchen, was seid Ihr gealtert seit gestern!« – Er aber hieß sie schweigen, grüßte mich freundlich und bezeugte eine große Freude, daß ich meinem

Vater so ähnlich sei; hierauf wollte er gleich mit mir fort, um mich zu seinem Vater zu bringen; die Knappen aber wollten ihn nicht loslassen und drangen darauf, er müsse ihnen sagen, wie sie zu den Bärten gekommen und wie sie so alt geworden.

»Meine lieben Kinder«, sagte er, »seit vierzig Jahren ist keine Seele in der Mühle gewesen, und ihr habt einen guten Schlaf gehabt; der Jüngling, der hier vor euch steht, ist euer Meister Radlauf nicht; er ist dessen Sohn, den er am Rhein erzeugte und der seit gestern diese Mühle erst betreten. Vor vierzig Jahren ist Meister Radlauf hier von seiner Mühle verschwunden, und ihr habt wegen naseweiser Reden, die ihr auf der Kirchweihe geführt, bis heut geschlafen.«

»Was wir geredet, muß der Wirt noch wissen«, sprach der eine, »wir waren alle bei Verstand, da wir es sagten; wir haben nichts gesagt, was wir nicht verantworten könnten, nichts, worüber man einen vierzig Jahre lang um das liebe Leben bestiehlt.« – »Was haben wir gesagt, das nicht recht wäre?« schrie ein anderer, »um das, was wir gesagt, laß ich mir kein graues Haar wachsen, viel weniger einen ganzen Bart, wie wir ihn alle haben.« – »Jawohl!« schrien sie alle durcheinander und machten ein ungeschicktes Geschrei und sagten, sie wollten hin und dem Wirt, der sie gewiß verschwätzt habe, die Fenster einschlagen. »Geht hin«, sprach der Grubenhansel, »ihr werdet euch verwundern; doch wenn ihr unterwegs der schönen Bäuerin wieder begegnet, die vor vierzig Jahren oder gestern, wie ihr meint, die Erdbeeren in dem Walde suchte und eurem Meister in die Mühle trug, so seid gewarnt, nicht wieder schlechte Reden zu führen.« – »Aha, die ist es also, die uns eingewiegt«, sprach einer der Kecksten unter ihnen, »so war sie doch eine Hexe und hat den Herrn ins Unglück gebracht; als wir sie sahen, saß sie an einem Bache, es war am Sonnabend; ich hörte in dem Schilf was rauschen; ich dachte, da es Abend war, vielleicht ein wildes Entennest da auszuheben und schlich heran: da merkte ich im Mondenschein zwischen dem grünen Schilf die hübsche Jungfer sich im Bad erkühlen, und von der Brust herab war sie eine –« Kaum hatte er so weit gesprochen, als die Sonne sich verfinsterte, eine Wolke von schwarzen Staren senkte sich über die Knappen nieder, und die schrien und hackten dermaßen auf sie ein, daß sie sich gar nicht erwehren konnten und mit großem Angstgeschrei in die Mühle flohen und die Tür zumachten; aber die Stare stürzten von allen Seiten durch die Öffnungen der zerfallenen Mühle ihnen nach und quälten sie so, daß ihr Lamentieren mich rührte und ich den Grubenhansel bat, ihnen zu helfen. »Ei«, sagte dieser, »ich kann den Staren nicht gebieten; aber du selbst kannst sie wohl zur Ruhe bringen, hast du doch den Käfig, worin der schwarze Hans gelebt, und seine Gebeine bei dir; fordere sie laut auf zum Leichenbegängnis.« Da trat ich auf einen Mühlstein und rief mit lauter Stimme:

»Ihr schwarzen tapfern Kriegsgesellen,
Ich bitt den Kampf jetzt einzustellen;
Du schwarz gefiedertes Gewitter,
Hör an den rheinischen Leichenbitter;
Ich komme, um euch einzuladen
Zur Totenfeier Ihro Gnaden,
Des Staarenberger schwarzen Hans,
Der mit dem Mute eines Manns
Aus treuer Lieb, vor wenig Wochen,
Das Herz am Rhein sich abgestochen;
Im Käfig, den ich bei mir trage,
Durchlebt er seine letzten Tage;
Seht hier in diesem Schächtelein,
Trag ich sein edeles Gebein;
Laßt ab vom Kampf, es ist genug
Und folgt mit mir dem Leichenzug!«

Kaum hatte ich diese Worte laut und vernehmlich ausgesprochen, als unter den Staren ein wehklagendes Geschrei entstand, als ob sie sich untereinander den betrübten Todesfall erzählten; und sodann sammelte sich der ganze Schwarm, hob sich in die Höhe, schwenkte einmal mit dem Klagegeschrei durch die umliegende Gegend und kam wohl noch

einmal so groß zurück, und soeben wollte er über meinem Haupte niedersinken, was mir bei aller ihrer guten Meinung doch bange machte. Aber der alte Kauzenveitel und der Kohlenjockel kamen den Berg herunter zu uns, und die Stare blieben vor dem Kauzenveitel in einer ehrerbietigen Entfernung; der Grubenhansel zankte seinen Sohn, den Kauzenveitel, daß er so spät gekommen sei, und dieser zankte wieder seinen Sohn, den Kohlenjockel, daß er ihn so lange habe warten lassen. Hierauf stellte mich der Grubenhansel dem Veitel als Urenkel, dem Jockel als Enkel vor und erzählte ihnen, warum ich hier sei, bat sie auch beide, dem Leichenbegängnis des schwarzen Hans zu folgen.

»Wer ist denn dieser schwarze Hans gewesen«, fragte Kauzenveitel, »daß so viel Lärmen um ihn ist?« – »Ein Star«, sagte der Grubenhansel mit solchem Nachdruck, daß der nasenweise Kauzenveitel sich nicht weiter zu fragen getraute.

Hierauf ordnete der Grubenhansel den Leichenzug an. Die zwölf alten Mühlknappen mußten herauskommen und taten es mit großer Angst vor den Staren. Der Grubenhansel aber beruhigte sie und

gab ihnen Befehl, sogleich das Boot, welches bei der Mühle lag, mit dunklen Tannenzweigen zu schmükken und sich selbst zwölf junge Stämme als Ruder abzuhauen. Sie griffen rasch zu, und während der halben Stunde, die sie damit zubrachten, suchten wir das ganze Leichenbegängnis zu ordnen. Zuerst zog ein Schwarm Stare, jeder mit einem Tannenzweiglein im Schnabel; hierauf folgte ich mit einer jungen Tanne, woran der Mehlsack mit dem Testament des Hansen als eine Fahne befestigt war; hierauf folgte wieder ein Schwarm Stare, jeder mit einer reifen Kornähre im Schnabel; und hierauf folgte der Grubenhansel, der auf seinem langen Bart, den er wie ein silbernes Kissen zusammengelegt hatte, das Schächtelein mit den Gebeinen des Verewigten trug, und auf seinen Schultern saßen zwei Stare, von welchen einer ein Myrten-, der andere ein Lorbeerzweiglein im Schnabel hatte; hinter ihm kam wieder ein Schwarm Stare, welche Thymian und Rosmarin und allerlei Würzkräuter trugen; dann folgte der Kauzenveitel mit dem Käfig, der offenstand und in welchem ein Star, den Kopf unter den Flügel steckend, als ein Bild des Todes saß; hierauf folgte wieder ein

Schwarm Stare, jeder mit einem Wachholderästchen; und nun kam der Kohlenjockel, er trug das Freßtröglein des Hansen, ein alter Star saß darauf und hatte den Siegelring im Schnabel; den ganzen Zug aber beschlossen die noch übrigen Stare, die überhaupt in so ungeheurer Menge den Zug umgaben, daß dadurch alles schwarz und trauernd aussah.

Anfangs wollten die Stare alle zu Fuß gehen; es ging aber zu langsam von der Stelle; sie mußten also an ihrer bestimmten Stelle fliegen. Da nun die alten Knappen den Kahn bereitet hatten, begaben wir uns hinein; die leidtragenden Vögel umgaben uns teils, teils saßen sie auf der Tannenlaube des Schiffes; und wer das Schiff vom Lande gesehen, mußte es wohl für einen lebendigen Trauerwagen halten, so war er in die Trauerfarbe gehüllt; auch machten die Stare mit ihrem Flügelschlag einen solchen Wind, daß das Schiff mit vollen Segeln den breiten See durchschnitt.

Als wir in der Mitte des Sees waren, stieg eine dunkle Wolke über dem entgegengesetzten Schloßberge auf, welche sich donnernd über den Himmel verbreitete; zugleich begann sich der See zu bewegen und immer heftigere Wellen zu schlagen; umsonst bemühten sich die zwölf alten Knappen mit angestrengtem Rudern das Boot noch hinüber zu führen; der Gegenwind hielt uns immer zurück. Da es zu regnen begann, so steckte ich das Schächtelein mit den Gebeinen des schwarzen Hans und seinen Käfig und Siegelring in den Testamentsack und dachte in der drohenden Todesgefahr ununterbrochen an die liebe Ameley, und meine Trauer war, daß wenn ich ertrinken sollte, es nicht am Rhein sei, daß ich nicht in ihrer Nähe umkommen sollte.

Während dem schwankte unser Schiff immer heftiger, und die Stare, das Wetter scheuend, stiegen mit lautem Geschrei in die Höhe und stürzten durch die noch schwärzere Luft nach dem Ufer; wir waren in diesem Augenblicke einigen Felsen sehr nah, zwischen welchen der See einen heftigen Wirbel bildet, und indem die rudernden Knappen von denselben mit Gewalt ablenken wollten, schrien sie laut auf: »Ei sieh da! Da ist die schöne Hexe wieder, die uns so lang schlafen gemacht.« – Ich wendete meine Augen nach dem Fels, da sah ich eine wunderschöne junge Frau sitzen; ganz schwarz ihr Röcklein, weiß ihr Schleier, blond ihre Haare, und in tiefster Trauer; sie weinte heftig und kämmte ihre langen Haare. Die Knappen aber hörten nicht auf, sie zu verhöhnen; da ward der Sturm immer heftiger; das Schiff ward mitten in den Strudel geworfen und begann sich wie eine Spindel zu drehen.

Der Hansel, der Veitel und der Jockel waren bis jetzt ganz ruhig gewesen; nun aber, da sich das Schiff so drehte, wurden sie ausdermaßen vergnügt und sangen folgenden Reim:

»Lustig, lustig, rundum herum
Geht das Schifflein quer und krumm,
Donner, lieber Donner, brumm,
Sonst war alles stumm und dumm.

Lange haben wir gegessen,
Kraut und Wurzeln viel gefressen,
Neue Jahre ausgemessen,
Alte Jahre viel vergessen.

Frühling, Sommer, Herbst und Winter,
Kindes-Kindes-Kindes-Kinder
Kamen alle Jahr geschwinder,
Wurden dennoch niemals minder.

Lustig, lustig, rundum herum,
Donner, lieber Donner, brumm,
Welle, wirf das Schifflein um,
Daß uns geht die Zeit herum.«

Auf einmal tat es einen Schlag, ich hielt meinen Sack mit beiden Händen fest, und das ganze Boot wurde von dem Strudel hinabgeschlungen.

Wie Frau Lureley mit ihren sieben Töchtern ihn zu seinem Urvater, dem Mondenschäfer Damon, führt, und wie dieser nebst den andern Altvätern begraben wird; wie er seine Mutter findet und die Rückreise antritt.

Als ich hinabgesunken, stand ich in einer grünen Laube, von Wasserbinsen geflochten; die vier Pfähle, worauf sie ruhte, waren vier Korallenbäume; rings herum standen sieben Wasserlilien, und auf jeder saß eine sehr traurige Jungfrau; in der Mitte aber saß dasselbe holdselige Weib, das ich auf dem Felsen gesehen hatte, als unser Boot unterging. Ich war in ihren Anblick ganz verloren, sie aber schien mich nicht zu bemerken und sang also –

Frau Lureley:
»Es fahren die Lebenden über den See,
Sie bringen den Toten nach Haus;
Es hebt sich ein Wetter am Berg in die Höh,
Der Wind macht die Wellen so kraus:
Töchterlein, Töchterlein Herzeleid!
Was hast du gesponnen so lange Zeit?«

Herzeleid:
»Ich habe gesponnen manch Kissen reich
Von Gold und Seide und Samt,
Drauf liegt des Helden Haupt gar weich,
Dem dieses Haus entstammt –«

Frau Lureley:
»Töchterlein, Töchterlein Liebesleid!
Was hast du gesponnen so lange Zeit?«

Liebesleid:
»Ich hab gesponnen drei Särge breit,
Drei Särge von Elfenbein,
Sie stehen und harren schon lange Zeit
Drei Greise steigen hinein.«

Frau Lureley:
»Töchterlein, Töchterlein Liebeseid!
Was hast du gesponnen so lange Zeit?«

Liebeseid:
»Ich habe gesponnen von Gold so rot
Ein Herz im dunklen Haus,
Der treu gestorben den Liebestod,
Des Beinlein füllen es aus.«

Frau Lureley:
»Töchterlein, Töchterlein Liebesneid!
Was hast du gesponnen so lange Zeit?«

Liebesneid:
»Ich habe gesponnen zwölf Mühlstein rund,
Zwölf Mühlstein im dunklen Haus.
Die wider die Liebe geschworen den Bund,
Zwölf Knaben füllen sie aus –«

Frau Lureley:
»Töchterlein, Töchterlein Liebesfreud!
Was hast du gesponnen so lange Zeit?«

Liebesfreud:
»Ich habe gesponnen den Perlenkranz;
Gesponnen den Perlenstrauß,
Der schmücket die holde Braut zum Tanz,
Der schmücket die Liebste zu Haus.«

Frau Lureley:
»Töchterlein, Töchterlein Reu und Leid!
Was hast du gesponnen so lange Zeit?«

Reu und Leid:
»Ich habe gesponnen die goldne Kron,
Die Krone im dunklen Haus,
Die reichet dem Vater zu Dank der Sohn
Und ziehet den Pelzrock ihm aus –«

Frau Lureley:
»Töchterlein, Töchterlein Mildigkeit!
Was hast du gesponnen so lange Zeit?«

Mildigkeit:
»Ich habe gesponnen drei Krönelein,
Drei Krönelein im dunklen Haus,
Zu schmücken die artigen Söhnelein,
Goldfischlein und weiße Maus –«

Als sie so gesungen hatten, stand die schöne, blonde Frau auf, und sprach zu mir: »Nun lieber Radlauf, komm«, – und da nahm sie mich mit einer überaus holdseligen Miene an der Hand und führte mich durch die Wellen, die wie zwei Mauern von Kristall fest neben uns hinliefen; vor uns aber ging erst Herzeleid mit ihrem schöngestickten Samtkissen, dann Liebesleid, neben der die drei Elfenbeinsärge herschwammen, ihr folgte Liebeseid mit einer goldnen herzförmigen Kapsel, Reu und Leid mit einer goldenen Krone, Mildigkeit mit drei kleinen Kronen, Liebesfreud mit Perlenkranz und Perlenstrauß. Dann ging ich an der Hand des lieben blonden Wasserfräuleins, und hinter uns ging Liebesneid mit einer Rute und trieb die zwölf Mühlsteine wie eine Herde Schafe vor sich her. Bald kamen wir an einen Felsen, der sich auftat, und nun stiegen wir viele Treppen hinan, bis wir in einem gewölbten Saale ankamen; da stand ein großer Tisch von gewachsenem Erz, und oben an dem Tisch saß ein uralter Mann; er stützte sein bleiches Angesicht auf seine zwei Hände,

seine Ellenbogen ruhten auf dem Tisch, sein silberweißer Bart war durch den Tisch durchgewachsen und glänzte wie Asbest, seine Augenbrauen waren auch sehr lang, und seine Augen sahen unter ihnen durch eine große blitzende Brille wie zwei traurige Gefangene hervor; er hatte einen Schäferrock an von dem zartesten Lammfell, einen breiten goldgelben Schäferhut auf, auf dem die Fürstenkrone befestigt war, und um seinen Nacken hing ein Lamm, dessen Beine über seine Brust zusammengebunden waren; in seinem Arm lehnte ein hoher weißer Schäferstab; an seiner Seite hing ein Dudelsack von einem schwarzen Bocksfell; neben ihm saß ein zottiger Schäferhund mit einer Laterne im Maul. – Er war ganz still und schien mit offnen Augen zu schlafen; zu seiner Rechten saß der Grubenhansel in seinem Knappenhabit, dann saß der Kauzenveitel in seinem Eulenwams und dann der Kohlenjockel in seiner Kohlenjacke; alle in derselben Stellung, alle ganz still; die zwölf Knappen aber saßen ringsum auf der Erde, mit dem Rücken an die Wand gelehnt.

Erstaunt über diesen Anblick wollte ich fragen, ob dieser alte wunderbare Schäfer mein ältester Ahnherr sei und ob alle meine andern Urväter hier tot seien oder nur schliefen. Aber die liebe blonde Frau Lureley hielt mir den Mund zu und winkte mir mit dem Finger zu schweigen; hierauf begann sie mit einer hellen Silberstimme zu singen:

»Heil dem, der die Zeit erfüllet,
Der die ew'gen Maße mißt
Und die Pein mit Schlaf umhüllet,
Wenn die Schuld versühnet ist.

Damon, der den Fluch gewecket,
Blicke auf und schlafe ein,
Auf die Kissen ausgestrecket
Bettet dich Frau Mondenschein.

Hans, der treulos auch mißtrauet,
Blicke auf und schlafe ein,
Dir ward auch ein Sarg gebauet,
Dich begräbt Frau Edelstein.

Veit, dein Trug kam an die Sonne,
Blicke auf und schlafe ein,
Dir ward auch ein Sarg gesponnen,
Dich begräbt Frau Federschein.

Jockel, der nicht Wort gehalten,
Blicke auf und schlafe ein,
Dich legt wie die andern Alten
In den Sarg Frau Feuerschein.«

Während diesem Liede ging Frau Lureley an dem Tische umher und stieß die vier Alten an: da erwachten sie, sahen einander und die Frau Lureley und mich gar innerlich freudenselig an und lächelten und weinten und nickten mir freundlich und küßten mich der Reihe nach auf die Stirn; und auch ich mußte heftig weinen; dann aber sang Frau Lureley wieder und alle sangen mit:

»Heil dem, der die Zeit erfüllet,
Der die ew'gen Maße mißt
Und die Pein mit Schlaf umhüllet,
Wenn die Schuld versühnet ist.«

Und unter diesem Gesang schliefen die vier wunderbaren Greise einer nach dem andern wieder ein und sanken mit ihren Häuptern auf den Tisch. Nun tat sich hinter ihren Sesseln die Felsenwand in vier Türen auf, und vier schöne wunderbare Frauen, jede mit einem Gefolge von seltsamen Jungfrauen, kamen herein. Hinter dem Stuhle des Urgroßvaters Damon trat eine schlanke Frau mit schneeblonden Haaren auf; sie hatte einen schneeweißen Schleier an, der sie ganz bedeckte bis auf ihre silbernen Schuhe, ihr Angesicht glänzte wie der Mond, und um die Stirn hatte sie einen Kranz von weißen Nachtviolen, mit einer Menge von Johanniskäfern besetzt; sie ging auf meine Führerin zu, und sie grüßten einander folgendermaßen:

Frau Mondenschein:
»Grüß dich Gott, Frau Lureley fein,
Mit deinen sieben Töchterlein;
Ich möcht' gern wissen,
Ob fertig die samtenen Kissen?«

Ihr antwortete

Frau Lureley:
»Schön Dank, schön Dank, Frau Mondenschein,
Mit deinen sieben Jungfräulein:
Mit Palmenkätzchen und Spinnenseil,
Mit Blumenfädchen und Schneckenpfeil,
Mit Mottenflügel, Johannislicht,
Altweibersommer vergeß ich nicht,
Die Sammetkissen sind bereit
Von meinem Töchterlein Herzeleid.«

Hierauf nahm Frau Mondenschein nebst ihren Mägdelein die samtnen Kissen; sie schnitt dem alten Mondschäfer den Bart mit einer silbernen Schere vom Tische ab, und sie legten dann den alten Herrn auf die Kissen und trugen ihn still zu ihrer Türe hinaus. Nun nahte sich die Frau, die hinter dem Grubenhansel stand, meiner Führerin; sie war auch sehr schön, aber doch eines ernsthafteren Anblickes als Frau Mondenschein; ihre Haut war schneeweiß, ihre Haare schön goldfarben; ihre Augen schillerten ins Grüne; Mund und Wangen waren lichtrot; groß war sie nicht, aber ungemein rüstig und fest in ihren Bewegungen; auch trug sie eine Schürze von Goldstoff und einen Brustharnisch von geschlagenem Gold, mit Edelsteinen besetzt; ihr Kopf aber schimmerte von tausendfarbigen Edelsteinen; sie nahte sich mit ihren sieben Begleiterinnen und sprach:

Frau Edelstein:
»Grüß dich Gott, Frau Lureley fein,
Mit deinen sieben Töchterlein,
Ich möchte gern berichtet sein,
Ob fertig der Sarg von Elfenbein?«

Da antwortete ihr

Frau Lureley:
»Schön Dank, schön Dank, Frau Edelstein,
Mit deinen sieben Erdfräulein:
Zinnober, Naphtha und Asbest,
Quecksilber, die keine Ruhe läßt,
Spießglanz und auch Marienglas,
Kobold, die lacht ohn' Unterlaß,
Nimm hin den Sarg, er steht bereit,
Bei meiner Tochter Liebesleid.«

Nun nahm Frau Edelstein einen von den drei Särgen, die bei der Jungfrau Liebesleid standen, und legte dann mit Hilfe ihrer sieben Mägdelein den Grubenhansel hinein, worauf sie mit demselben durch die Türe hinwegzogen.

Die Frau, welche hinter dem Kauzenveitel stand, hatte schöne braune Locken und blaue lustige Augen; ihr ganzes Wesen war fröhlich und leicht und sanft und heftig zugleich; sie hatte einen Mantel von lauter Pfauenfedern an und in jedem Ohre einen Kolibri hängen; auf dem Kopfe trug sie einen roten

Kranz von Vogelbeeren, der mit glänzenden Federn umsteckt eine Krone bildete. Sie sprach zu Frau Lureley:

Frau Phönix Federschein:
»Grüß dich Gott, Frau Lureley fein,
Mit deinen sieben Töchterlein,
Ich hätte gern von dir Bescheid,
Ob mir auch ward ein Sarg bereit?«

Da antwortete ihr

Frau Lureley:
»Schön Dank, schön Dank, Frau Federschein,
Mit deinen sieben Luftfräulein:
Mit Pfauenauges Farbenblitz,
Mit Reiherbusch und Schwalbenwitz,
Mit Turtel, Flämmchen, Nachtigall
Und Schwanenliedes Trauerschall.
Nimm dir den Sarg, er steht bereit
Bei meiner Tochter Liebesleid.«

Frau Phönix Federschein empfing nun den zweiten elfenbeinernen Sarg von Jungfer Liebesleid, legte mit ihren Luftfräulein den alten Kauzenveitel hinein und zog mit ihm zu ihrer Türe hinaus.

Nun war nur noch die Frau hinter Kohlenjockels Sitz übrig; aber sie füllte mit ihrem Gefolge doch die ganze Stube aus; denn sie waren meistens von einer lebendigen Art und konnten mit Geräusch und Hin- und Herzucken gar nicht zur Ruhe kommen. Sie hatte hochrote Locken, die ihr wie Flammen um das bewegliche Köpfchen spielten; ihr Antlitz glänzte wie eine Sonne, und blaue Adern schossen wie Schlangen unter ihrer weißen Haut hin und her, und war sie so hastig und lebendig, daß man ihr das Herz unter ihrem Röcklein von Asbest hüpfen sah. Sie stürzte auf Frau Lureley zu und sprach:

Frau Feuerschein:
»Grüß dich Gott, Frau Lureley fein,
Mit deinen sieben Töchterlein,
Nun sag mir gleich, sag mir geschwind,
Wo ich den Sarg bereitet find'?«

Da antwortete ihr

Frau Lureley:
»Schön Dank, schön Dank, Frau Feuerschein,
Mit deinen sieben Glutfräulein:
Mit Flämmlein und Fünklein klein,
Mit Lichterloh und Ascherlein,
Mit Hitzenblitz und Rußerauch,
Und Fräulein Kohlenschwärzel auch,
Der dritte Sarg steht dir bereit
Bei meiner Tochter Liebesleid.«

Da fuhr Frau Feuerschein mit ihrem Gefolge schnell auf den Sarg los; sie faßten den alten Kohlenjockel und legten ihn hinein und eilten mit ihm ihre Türe hinaus. »Diese alten Herren haben nun alle ihre Ruhe«, sagte Frau Lureley, »und nun muß ich den zwölf frechen Mühlknappen, die mich so oft verhöhnt und verraten haben, auch ihren Lohn geben.« Da befahl sie ihrem Töchterlein Liebesneid, welche die zwölf Mühlsteine bereitet, sie sollte vor jeden dieser Knappen einen der Steine hinwälzen. Liebesneid trieb die Steine vor sich her, und vor jedem Knappen blieb einer stehen. Da sprach

Frau Lureley:
»Soviel Narren, soviel Kappen;
Auf, ihr alten frechen Knappen,
Fahret durch die breiten Kragen,
Die ihr sollt wie Ratsherrn tragen,
Setzt euch um den Tisch herum,
Sinnt und denkt und bleibet stumm.«

Nach diesen Worten fuhren die zwölf Knappen mit ihren Köpfen durch die Löcher der Mühlsteine durch und setzten sich wie zwölf Ratsherren mit breiten Kragen um den Tisch ganz stockstill herum, als hätten sie eine große Sorgenlast auf den Schultern. Nun zog Frau Lureley mit mir und ihren sieben Töchterlein durch die Türe hinweg, durch welche Frau Mondenschein gegangen war.

Wir traten in eine schöne Kirche von wunderbar künstlicher Bauart; sie bestand aus fünf Kapellen, die in der Gestalt eines Kreuzes aneinandergebaut waren. Die mittelste war höher, und aus ihr überschaute man die vier andern. Die Kapelle in der Mitte war ganz dunkelblau und mit einem Schimmer von Mondenschein durchgossen; denn die Kuppel von blauem Glas war von einem vollen Monde und vielen Sternen erleuchtet; ihr Boden war mit lebendigen Blumen besät und schien ein zarter Rasen zu sein. Lämmer von Alabaster lagen um einen marmornen Sprudelquell, der zu den Füßen eines künstlichen Felsens von Blumen umwachsen murmelte; in diesem Felsen aber lag der Leib des Mondenschäfers auf den Samtkissen, die mit Thymian und Würzkräutern ausgefüllt waren, und man konnte den alten Herrn sehr wohl durch einige Kristallscheiben, die vor der Höhle angebracht waren, betrachten; auf dem Felsen aber ruhte ein Schäfer von Marmor; er hatte eine Flöte und einen Hund neben sich und

schien über dem Gemurmel der Quelle in angenehmen Träumen entschlummert; über dem Eingange dieser Kapelle aber standen folgende Worte:

»Hier ruht Damon, der gute Hirt,
der erste Fürst von Staarenberg,
er verlangt nichts mehr zu wissen.«

Die Kapelle gegen Mitternacht war ganz finster, und Wände und Kuppen waren mit unzähligen Erzstufen, Edelsteinen und Mineralien bedeckt, und der goldne Sarg, worin der Grubenhansel lag, stand unter einem Gebäude von Kristall, auf dem ein Bergknappe saß von gediegenem Gold, der mit einem silbernen Grubenlichte auf dem Kopfe einen wunderbar zauberischen Schimmer über die funkelnden Wände warf; über dem Eingang dieser Kapelle standen die Worte:

»Hier ruhet Johannes, der emsige Bergmann,
zweiter Fürst von Staarenberg,
er verlangt nichts mehr zu wissen.«

Hier traten wir in die Kapelle gegen Morgen; sie war ganz eine große Laube von Marmor in durchbrochener Arbeit, und die Räume zwischen den Zweigen und Blättern waren mit durchsichtigen roten und safranfarbigen Edelsteinen ausgefüllt; von außen aber war die Kapelle mit unzähligem Rankengewächs umzogen, und man glaubte, wenn man in der Mitte stand, in einer von der Morgenröte durchschimmerten Laube zu stehen; in der Mitte der Kapelle stand in einem goldenen Käfig von der schönsten Arbeit der Sarg, in welchem man den Leichnam des Kauzenveitel in seiner Vogelstellertracht ruhen sah; über dem Käfig aber erhob sich ein silberner Baum mit goldnen Blättern und Vogelbeertrauben von Rubin. Mitten in diesem Baume saß ein Jüngling von Alabaster mit einer Eule auf der Hand, und alle Zweige des Baumes waren mit den schönsten künstlichsten Vögeln bedeckt, die aus mancherlei Federn und Edelsteinen bunt zusammengesetzt waren. Über dem Eingang der Kapelle aber stand:

»Hier ruht Veit, der Vogler,
dritter Fürst von Staarenberg,
er begehrt nichts mehr zu wissen.«

Hierauf betraten wir die Kapelle gegen Mittag; sie war aus glänzenden Schlacken erbaut und mit mancherlei Schmelzwerk ausgeziert; ihre Kuppel bestand aus feuerfarbenem Glase, durch das die Sonne in wunderbarem Glanze hereinstrahlte; in der Mitte stand der Sarg des Kohlenjockels, von goldenen Flammen umgeben, und über ihm stand ein Jüngling von Erz, der in den Händen ein Becken voll lebendigen Feuers trug – über dem Eingang standen die Worte:

»Hier ruht Jakob, der Köhler,
der vierte Fürst von Staarenberg,
er verlangt nichts mehr zu wissen.«

Alle diese Kapellen war ich an der Seite der schönen Frau Lureley durchwandelt, und nun traten wir in die letzte gegen Abend. Sie war von weißem Marmor und ruhte auf goldnen Säulen, welche Garben vorstellten; in der Mitte durchfloß sie eine lustige Quelle, die ein silbernes Mühlrad trieb, das, mit harmonischen Schellen behängt, ein liebliches Getön hervorbrachte; sonst war noch kein Sarg hier und kein anderes Bild, auch keine Inschrift stand über dem Eingang.

Als die blonde Frau hereintrat, ward sie sehr traurig und weinte, und sagte zu mir: »Radlauf, gib mir die Gebeine des schwarzen Hans.« – Ich gab sie ihr, sie benetzte sie mit ihren Tränen, legte sie in die goldne herzförmige Kapsel, die ihr Mägdlein Liebeseid gesponnen hatte, und hängte sie über dem Rade an einer silbernen Kette auf, die von der Decke herabhing.

In dem Augenblick stürzte ein ungeheurer Schwarm von Staren mit durchdringendem Geschrei durch die offene Kuppel der Kapelle, und Lureley sprach zu ihnen:

»Die Tage der Rache sind zu Ende, ihr treuen Diener eures unglücklichen Herrn! Gehet auf den Hof des Schlosses, ich will euch seinen frommen Sohn vorstellen.« – Nach diesen Worten hoben sich die Stare von dannen, und sie sprach zu mir: »Mein teurer Radlauf! Erschrecke nicht über das, was ich dir sagen werde, unterbrich auch nicht meine Rede mit Worten und Fragen und Ausrufungen; sobald du redest, muß ich dich verlassen, und du zerbrichst ein Werk, was dich und mich beglücket; reiche mir deine Hand, umarme mich, o komm an mein Herz, ich bin deine Mutter.« Hier schloß sie mich in ihre Arme; Schauer und Entzücken nahmen mir die Sinne; aber sie benetzte mein Antlitz mit dem Quell, und mir ward unendlich wohl – dann fuhr sie fort: »Der schwarze Hans, den wir hier begraben haben, ist dein Bruder; hier diese Kapelle ist die Grabstätte deines Vaters, noch ruht er nicht hier, noch lebt er, du wirst ihn noch einmal umarmen; noch mehr Geschwister hast du, du sollst sie alle sehen; in wenigen Stunden muß ich dich verlassen; drum bleibt mir

nicht die Zeit, dir alles zu erklären, was dich heute mit Erstaunen erfüllt; aber bald seh ich dich wieder, und du lernst mich kennen, jetzt folge mir, daß ich dich deinen Untertanen vorstelle, die dich erwarten.«

Stumm und erschüttert, mehr durch ihre Erzählung als durch ihr Gebot, zu schweigen, folgte ich ihr in der Begleitung ihrer sieben Jungfrauen. Wir gingen aus der Kirche hinaus; auf schönen reinen Treppen stiegen wir zu hinteren Terrassen, mit mancherlei Bildsäulen und schönen Gefäßen, aus denen Wasser sprudelte, geschmückt; so gelangten wir durch geräumige Vorsäle in prächtig geschmückte Gemächer, die, bequem und vornehm aneinander gereiht, auf bunten Teppichen durchwandelt wurden, bis sie auf einer großen Marmorgalerie wieder zu Tage liefen. Von diesem Standpunkte übersah man den grünen Spiegel des Sees und das jenseitige Waldgebirge, das sozusagen erst die Folge dieser Säle beschloß; aber hinausgetreten auf den Balkon, erblickte ich den Hof des Schlosses und die ihn umgebenden Gärten und Terrassen mit einer Menge von Menschen bedeckt, die mit Hüten und Tüchern wehend einem freudig stürmenden, jauchzenden Meere glichen, das mit tausend Wogen des Jubels an mein bestürztes Herz schlug, und immer: »Heil, heil unserm Fürstensohne, heil, heil seiner Mutter« rief.

Die liebe blonde Mutter aber sprach zu mir. »Sag, mein Sohn, an wen gedenkst du jetzt, du, der kummervoll und arm war, und jetzt mit allem weltlichen Entzücken berauscht ist?« – Da sprach ich: »Daß der Vater lebt, ist mir lieb; daß ich meine Mutter sehe, ist mir süß; aber ich wollte, ich wäre am Rhein und dieses Schloß wäre meine Mühle und dieses Volk wäre der Rhein; Ameley wäre in seinen Wellen, ich stürzte hinein, trüge sie in meinen Armen auf die Wiese ans Ufer und sähe in ihre holdseligen Augen; ach, das wäre süßer als alles.« – Darauf sprach meine Mutter: »Du bist der treueste Mann, und glücklich, die dich liebet; bald sollst du sie wiedersehen.« Dann sprach sie zu dem Volke: »Rüstet das Land und das Schloß, in wenigen Tagen kehret euer Herr zurück.« Somit wendeten wir uns um und gingen durch die Gemächer, über die Treppen, durch die Kirche, hinab in das Gewölbe, wo die zwölf Knappen um den Tisch saßen wie Rathsherren. »Nun«, sagte Lureley, »muß ich dich verlassen, bitte dir eine Gnade aus, bald sehe ich dich wieder.« – Ich wußte über alle diese Herrlichkeiten nicht, was ich begehren sollte, und da ich die zwölf alten Knappen so gewaltig besorgt sitzen sah, sagte ich: »Verzeihe diesen armen Schelmen und lasse sie deiner Milde genießen, und schenke sie mir zur Begleitung, daß ich nicht so mühsam nach Hause ziehen muß.« – Da umarmte sie mich und küßte mich und verschwand; ich aber wußte nichts mehr von mir, ein wunderbarer Schlaf befiel meine Augen.

Vom Tanz der Frau Mondenschein und wie sie ihren sieben Töchterlein ihre und des Mondenschäfers Geschichte und den Fluch der Frau Aglaster erzählt.

Als ich erwachte, lag ich am Eingang eines Waldes in dem Schatten einer sich weit ausstreckenden Eiche, und um mich her standen zwölf ehrbare Ritter; dieselben, die mich hierher zu euch geleiteten, ihre Rosse standen an den Bäumen umher gebunden; sie grüßten mich als Fürsten von Staarenberg und fragten: »Wohin geht unser Weg?« Ich sagte: »Wir ziehen zum Rhein« – und somit bestiegen wir unsere Rosse und zogen fröhlich durch die gesegneten Täler hinab.

Als am Abend die Sonne hinabsank über einem spiegelglatten Landsee, machten wir Halt an einem bequemen Ort; ich befahl meinen Gefährten das Lager zu rüsten und das Abendbrot zu bereiten; ich selbst aber wollte gehen, mich in den schimmernden Wellen des Sees badend zu erquicken und meiner teuren Ameley zu gedenken. Trauernd schlich ich am Ufer durch die düsteren Erlen dahin, entkleidete mich auf dem Rasenufer einer kühlen Bucht und tauchte mein sehnsüchtiges Herz in den labenden Spiegel des Sees. Schon war die Sonne hinabgesunken; das Lied der Vögel verstummte; ein leiser Wind trieb die Wellen kräuselnd gegen meine Brust; der

Abendstern stand lächelnd über dem jenseitigen Berg; eine wehmütige Lust durchdrang mein Herz bei dem Klange einer Hirtenflöte, die in der Gegend über die Wiese hinspielte.

O süße Ameley! rief ich aus, und indem ich meine Arme in den Wellen ausbreitete, als wollte ich sie an mein Herz schließen, und diese Bewegung oft wiederholte, begann ich zu schwimmen und richtete meinen Weg nach einer anmutigen Insel, die von Erlen umgeben in der Mitte des Sees lag. Hier setzte ich mich in den Arm einer hohen Weide, die sich gekrümmt über das Ufer des Sees vorlehnte und ihr zartes Laub in die Wellen senkte wie eine Jungfrau, die sich weinend ihre Locken wäscht; und ganz eingeschleiert von den dichten Blättern des Baumes schaute ich trauernd bald über die Fläche des Sees, auf der schon der bleiche Mond und die Gestirne sich spiegelten, bald über die entschlummerten Blumenglocken der Insel, die einen von Büschen geschmückten Weidenrasenplatz bildete; so ward ich Zeuge eines reizenden Schauspiels.

Die Frau Mondenschein, die ich mit ihren sieben Mägdlein in der Gruft gesehen, wandelte über die Wipfel der Bäume daher; die Zweige, die sie berührte, schimmerten mit silbernem Glanz, und die Nachtigallen begannen in den Büschen zu singen und schienen mir immer Ameleya! Ameleya! zu rufen.

Als aber die wunderbare Frau mit ihren Gespielen

auf den Grashalmen und Blumenkelchen hinwandelte, erwachten die Heimchen und begannen ein süßes vertrautes Geschrille; die Quellen murmelten traulich und das Echo zitterte das träumende Lustgeräusch wider; die Mägdlein aber umgaben einen schönen grünen Rasen, und in ihrer Mitte schwebte Frau Mondenschein und sang also:

»Nochmals laßt mit zarten Füßen
Uns im Tau die Kreise ziehen,
Nochmals uns die Blumen grüßen
Und dann von der Erde fliehen,
Von der Erde, die betrogen
Unser helles leichtes Herz,
Uns vom Lichte abgezogen
Zu der Tiefe finsterm Schmerz;
Reihet, reihet, meine Schwestern!
Und ich fing mein irdisch Weh;
Ach, vierhundert Jahr wie gestern
Ich mir heut verschwunden seh.« –

Nun tanzten die sieben Mägdlein um sie her und eine jede tat, was ihres Amtes war. Spinnenseil trug einen silbernen Rocken, von dem sie feine Fäden zog und damit den Tanzplatz umgab. Dazu sang sie:

»Daß kein Kobold ungeladen
In der Elfen Tanz eingeh,

Zieh ich einen Silberfaden
Jetzt von Blum zu Blum im Klee,
Spinnerin bin ich, Fädlein spinn ich;
Weberin web ich, rings umschweb ich,
Unsern Tanz so fein und sinnig
Rings mit sichrem Netz umgeb ich.«

Schneckenpfeil aber war mit Bogen und Pfeilen wie eine rüstige Jägerin bald hier bald dort und wies eine Menge von Fledermäusen, Nachtschmetterlingen, Eidechsen und andern unbequemen Gästen, die der Glanz der Frau Mondenschein herbeilockte, mit ihren Pfeilen zurück, wozu sie sang:

»Eines kräftigen Käfers Zange
Ist mein Bogen; Spinnenseil
Drehte Fäden mir zum Strange
Und ich schieß den Schneckenpfeil;
Pfeile spend ich, von uns wend ich
Eider, Kauz und Fledermaus;
Alle blend ich, alle send ich
Witzig spitzig bald nach Haus.«

Die dritte Jungfrau aber, welche Mottenflügel hieß, schweifte von Blume zu Blume und sammelte den Tau und bestreute mit seinen Perlen den Rasen um Frau Mondenschein her, wie man die Tanzböden

gegen den Staub zu besprengen pflegt; ihr Gesang aber lautete also:

»Ich bestehl im Tal am Hügel
Alle Blümelein im Traum,
Schüttle Perlen von dem Flügel
Hier in unsres Spieles Raum;
Perlen setz ich, leis benetz ich
Unsre Au mit kühlem Tau,
Daß ihr Füßlein nicht verletz sich
Mondenschein, die zarte Frau.«

Palmkätzchen, die vierte Jungfrau, trug allerlei weiche Blütenflocken, zarten Flachs und Flaum herbei und breitete Teppiche zum Sitzen der Frau Mondenschein aus; auch verstopfte sie die Glocken der Blumen aus einer übertriebenen Sorge, sie möchten, vom Tanze bewegt, läuten und die nächtliche Feier verraten, bei welchem Geschäfte sie folgendermaßen sang:

»Flachs von fauler Dirnen Rocken,
Flaum von zarter Knaben Kinn
Stehl ich, streue weiche Flocken
Unter eure Füße hin.

Weit her schlepp ich euch den Teppich,
Daß ihr nicht zerreißt die Socken

An dem Eppich – Wolle stepp ich
Ins Geläut der Blumenglocken.«

Die fünfte Jungfrau, Blumenfädchen, sammelte allerlei Wohlgerüche, die sie aus einem Rauchfaß in Gestalt einer Rose, das sie in der Hand schwenkte, auf dem Tanzraum mit folgendem Gesange verbreitete:

»Ich umschweb die Blumenkelche,
Raube ihnen süßen Duft,
Schwenke, daß das Fest hoch schwelge
Dann mein Rauchfaß durch die Luft.

Ich bin lustig, Rose ruft mich,
Mir winkt Lilie, seufzt Viole,
Rings süß duftig mach die Luft ich
Euch ums Haupt und um die Sohle.«

Ihr folgte in emsigem Geschäfte die sechste Jungfrau, Johannislicht; sie zündete rings im Gras und in den Büschen kleine schimmernde Lichter an, machte kleine Laternen aus den Kelchen der Glockenblume und ließ eine Menge leuchtender Funken die verschiedenen Kreise des Tanzes, wie ein Feuerwerk auf dem Teppich der Nacht, hinschweben, wobei sie also sang:

»Ich begleite mit Gefunkel
Eure Füße auf dem Plan,
Zünde rings im Nachtesdunkel
Tausend bunte Lampen an.

Es umkränze und umglänze
Duftberauscht und mondlichttrunken
In dem Lenze unsre Tänze
Glühend der Johannisfunken.«

Die siebente Jungfrau, der fliegende Sommer, auch Altweibersommer genannt, brachte einen schönen Schleier heran und reichte ihn der Frau Mondenschein, die ihn traurig anlegte, wozu sie sang:

»Frühling war ein lust'ger Freier,
Sommer ernst ein Ehemann,
Herbst webt schon den Witwenschleier
Und der Winter legt ihn an.

Jungfraun lauern hinter Mauern
Unterm Schleier auf den Freier;
Witwen trauern und bedauern
In dem Schleier Totenfeier!«

Als Frau Mondenschein den Schleier angelegt hatte, tanzten die Jungfrauen um sie her, und die Heimchen grillten im Takte, wozu Frau Nachtigall bald lustig schmetterte, bald in süßen Klagen zu zerfließen schien; endlich aber verstummte die Musik und die Tänzerinnen wurden ruhig, der Mond trat hinter die Wolken; die leichten Frauen allein warfen einen milden Schein auf Blumen und Gras, aber keinen Schatten; da sprach Frau Mondenschein also:

»Meine lieben Mägdlein, jetzt ist die Stunde, wo ich euch endlich erzählen kann, was mich schon vierhundert Jahre lang so traurig macht; mein Leid ist vorüber, morgen ist alles vergessen, morgen bin ich wieder jung, neu und glücklich.

Vor vierhundert Jahren hatte ich noch keine Gesellinnen, ich war einsam und allein und wandelte sehnsüchtig und träumend hier auf dieser Insel umher, die mir besonders lieb war; aber sie war damals noch keine Insel, der Raum zwischen hier und dem jenseitigen Ufer war ein wildes Felsental, und hier war eine anmutige Bergwiese. Viele Jahre besuchte ich diesen einsamen Fleck und badete mich nachts in dem Brunnen, der dort am Fels hinter den Erlen quillt. Als ich einst traurig über meine Einsamkeit in dem Bade saß, bekam ich plötzlich eine Gesellschafterin. Frau Echo, die lange in dem Felsen geschwiegen hatte, erwachte plötzlich und sang mir die Melodie einer Hirtenflöte ins Ohr, die vom jenseitigen Ufer ertönte; lange lauschte ich entzückt ihren Tönen und weinte, als sie leiser, immer leiser wieder verstummte. Ich, die nicht wußte, wo der süße Klang herkam, irrte und suchte rings umher; sieh, da eilte am Rande dieser Wiese mir ein silberweißes Lamm entgegen; ihr könnt euch denken, wie ich entzückt war, einen so lieblichen Gespielen in meiner Einsamkeit erhalten zu haben. Ich pflegte und liebkoste mein Lamm, als wenn es mein Brüderchen wäre; führte es zur Weide, wo das Gras am zartesten, die Kräuter am gewürzigsten waren, und hatte meine Freude viele Tage mit ihm. Seit das Lamm bei mir war, sang mir Frau Echo täglich das Flötenlied vor, und ich bemerkte, daß mein kleiner Gespiele dann immer sehr unruhig ward und sehnsüchtig blökte. Auch stellte sich nun Frau Nachtigall ein und sang mit Frau Echo um die Wette, und so entschlummerte ich einstens hier auf dem Hügel, das Lamm in meinem Arm in seligen Gedanken.

Ich mochte kaum einige Minuten geschlafen haben, als das Lamm plötzlich sich aus meinen Armen riß und vor mir herstürzte; auch ich sprang auf, denn neben mir stand ein junger Schäfer, schön und freundlich; das Lamm war ihm entgegengesprungen, und eine fröhliche Herde tummelte sich auf der Wiese umher. Er grüßte mich freundlich und sagte mir, das Lamm, das sich nämlich von seiner Herde verloren, habe ihn hierher gelockt, und er danke mir, daß ich es so gütig gepflegt. Wir wurden bald bekannt; er verließ mich am Morgen mit dem Versprechen, am Abend wiederzukehren. Mit Sehnsucht

erwartete ich den Abend. Damon kehrte zurück, wir erzählten uns Märchen, sangen uns Lieder, flochten Kränze und waren selig. Oft hatte er mich besucht; bald aber kam die Stunde, daß er mich nie verlassen sollte. Als wir einst hier am Hügel nebeneinander entschlummert waren, es war schon gegen Morgen und die Sonne trat schon hinter den Bergen hervor, erweckte uns ein heftiges Geräusch; wir sahen die Herde erschreckt vor uns herstürzen und folgten ihr ängstlich nach dem Rande dieser Wiese; denn über uns war ein großer Bach entsprungen, der sich wild zu dem Felstal hinabstürzte;
er schien uns boshaft zu

verfolgen; ich hätte zwar leicht entschweben können, aber mein Damon war mir zu lieb und ich wollte ihn nicht verlassen; blindlings folgten wir der Herde, die sich in eine weite Felsenhöhle flüchtete.

Kaum waren wir hineingetreten, als von dem Sturm der Schafe aufgestört eine Wolke von Staren über uns her zu der Höhle hinausflog; wir faßten uns fest in die Arme, um nicht umgeworfen zu werden. So von den blökenden Lämmern umdrängt, hatten wir uns kaum eine kleine Weile erholt, als plötzlich über die Höhle und ihren Ausgang nieder das Wasser in das Tal stürzte und den Ausgang verschloß. – ›Damon‹, sagte ich, ›wie ist dir? Wir sind gefangen.‹ Er aber antwortete: ›Mir ist wohl in dieser festen Burg mit kristallner Türe; an deiner Seite bin ich wie ein König; dieser Lämmer sind ein liebes lenksames Volk, und ich will uns ein Trostlied spielen.‹ Da setzte er seine Hirtenflöte an die Lippen und spielte ein wundersüßes Lied, das Frau Echo aus geheimen Gängen der Höhle wiederholte und das rauschende Wassertor und das Blöken der Lämmer begleiteten. Da sagten wir uns, wir wollten immer beisammen bleiben. Das niederstürzende Wasser mehrte sich, und wir mußten uns in der Höhle einrichten, so gut als wir konnten. Damon fand einige anliegende Gewölbe und trieb die Schafe hinein; viele Kräuter wuchsen am Eingang, und Laub hing von überhängenden Büschen herein; der Wassersturz drängte die

Zweige herab, und Damon als ein treuer Hirt streifte das Laub ab und sammelte die Kräuter und machte Bündelchen daraus, um die Schafe in Hungersnot zu fristen, sie leckten dazu das Salz, das an den Wänden ausgeschlagen war. Er selbst nährte sich von den Stareneiern, die in vielen Nestern an der Felsenwand waren. So lebten wir einige Tage, und das Sonderbare unserer Lage gefiel uns noch immer wohl.

Am dritten Morgen hatte Damon soeben in der düsteren Höhle aus einem besonders schönen Neste ein Ei genommen, als wir bemerkten, daß der Wassersturz vor dem Eingang dünner geworden war und einen Durchgang bildete; schnell eilten wir hinaus und sahen in eine ganz veränderte Gegend: das Felsental ringsum hatte sich in einen See verwandelt, ein Regenbogen stand über uns ausgespannt, und Tauben schwebten über den Spiegel.

›Sieh da!‹ sagte Damon, ›der Himmel selbst will, daß wir beisammen bleiben; diese Höhle ist eine Insel geworden, ohne Schwimmen kann ich mit der Herde nicht mehr hinüber. Der Ort schickt sich gut zu meiner Nahrung, auf diesem Eiland esse ich mein Ei‹, und somit knickte er das Ei, das er in der Hand hatte, an einer scharfen Stelle des Felsens, brach es in zwei Hälften und schlürfte es aus.

Kaum aber hatte er dieses getan, als eine schwarze Wolke den Himmel bedeckte und mit einem wimmernden Geräusch nahte, und sieh, es war der große

Starenschwarm, der über uns her mit stürmender Hast in die Höhle kehrte. Die geflügelte Windsbraut zog uns mit in die Höhle, und Damon warf sich vor ihrem Ungestüm platt an den Boden in einen Winkel; ich ahnte wunderbare Dinge und berührte Damon mit meinem Fuß, auf daß er entschlummerte und nicht hören möge, was er nicht ändern konnte, und er sank in einen tiefen Schlaf.

Mit wildem Geschrei flatterten die Vögel durch die Höhle hin und her und wegklagten über ihre zerstörten Nester, und ergrimmt hackten sie sich in die Wolle der Schafherde fest, die geängstigt unter Geblök aus der Höhle heraus stürzten und sich über den Hügel zerstreute; und da die größere Anzahl der Stare sie verfolgend die Höhle verlassen hatte, kam ein größerer Vogel, der ein Krönchen auf seinem Haupt hatte, heftig gegen mich angeflogen; erst umschwebte er mich mit großem Wehgeschrei und holte dann die zwei halben Eierschalen, die vor dem Eingang auf dem Felsen lagen, legte sie auf einen Steinvorsprung vor sich nieder und brach in folgende Worte aus:

›Weh, weh, Frau Mondenschein!
Was tat ich Ihr zu Leide,
Daß solche Not und Pein
Ich Ärmste durch Sie leide!
Mein Ei, mein Wunderei,

›Zerbrochen und verzehret!
Der Staren Bau zerstöret!
O höre mein Geschrei,
O Cisio Janus, steh mir bei!

Schwärmerin! Härmerin!
Gleicherin! Schleicherin!
Schweigerin! Schmachterin!
Trachterin! Heuchlerin!
Schmeichlerin! Träumerin!
Säumerin! Hehlerin!

Stehlerin! Grüblerin!
Lieblerin! Rührerin!
Verführerin! Sehnerin!
Gähnerin! Tränerin!
Scheinerin! Meinerin!
Schläferin! Schäferin!
Weh, weh, mein Wunderei!
O Cisio Janus, steh mir bei!‹

Und so setzte sie in ihrer Starensprache immer mit Wehklagen und Schmähworten abwechselnd ihr Hilfsgeschrei nach Cisio Janus fort. Mich jammerte das arme betrübte Mutterherz, ich unterbrach sie nicht in dem ersten Ausbruch ihres Wehs; aber ich ergoß meine tröstendsten Strahlen durch die Höhle. Die Sonne war untergegangen, die Sterne traten am

Himmel hervor und besahen sich verwundert in dem neu entstandenen Wasserspiegel; es war, als drängten sie sich dicht zusammen und als schaue einer dem andern über die Schulter. Und sie blitzerten so frisch, frei und freundlich, als gefielen sie sich wohl. Da schaute ich den schlafenden Damon mit meinen tiefsten Augen an, und er verstand meinen Willen. Träumend ergriff er seine Hirtenflöte und spielte eine ungemein rührende Melodie. Nach einer kleinen Weile milderte sich schon das Klagegeschrei der Starenkönigin, und bald war es nur ein einzelnes Schluchzen und Seufzen; so oft sie aber wieder die zerbrochene Eierschale betrachtete, schrie sie von neuem: ›Mein Ei! Mein Wunderei! O Cisio Janus, steh mir bei!‹ und begann eine neue Reihe von Schmähwörtern gegen mich, die sich aber immer milderten, und ich hörte zuletzt gar das Wort Trösterin von ihrem Schnabel erklingen; worauf sie ganz verstummte und aufmerksam mit gewendetem Kopf wie andere Stare zuhörte, als wolle sie ein Lied lernen; viele andere Stare kamen leise hereingeschlüpft und setzten sich hie und da wie studierende wißbegierige Männchen umher und drehten den Kopf bald links, bald rechts, fingen auch an, hie und da ein Endchen der Liederweise nachzupfeifen.

›Wie wird mir? Wer wollte wohl meinen,
Wenn winkend aus wiegendem See

Süß sinnend die Sternelein scheinen,
Werd heiter, weich' weiter, du wildwundes Herz.

Komm, Kühle, komm küsse den Kummer,
Süß säuselnd von sinnender Stirn,
Schlaf, schleiche, umschleire mit Schlummer
Die Schmerzen, die schwül mir die Seele
umschwirrn.

Flöß flehend, du Flötengeflüster
Mir Himmel und Heimat ans Herz,
Leucht lieblich und lispele düster
Und fächle, daß lächle im Schlummer der Schmerz.

Sieh, sind schon die Sonnen gesunken,
Glück glimmet in Abendlichts Glut
Und Finsternis feiert mit Funken.
Licht locket ins Leben das liebende Blut.

Wir wanken in wohnsamer Wiege,
Wind weht wohl ein Federlein los,
Wie's wehe, wie's fliege, wie's liege,
Fein fiel es und spielt es dem Vater im Schoß.‹

Bis hierher hatte die Starenkönigin, sich beruhigend, mein Trostlied gehört, als sie aber die letzte Strophe nachschwätzen wollte, brach ihr Leid wieder aus, und sie sagte, nur weniger heftig als im Anfang:

›Weh, mein Ei, mein Wunderei,
So grausam zu zerbrechen,
Vom Federlein dann sprechen,
Das fortgeflogen sei.

So könnt ein jeder sprechen;
Und eines Schäfers Magen
Nennt Sie des Vaters Schoß!
Frau Mondschein, ich muß sagen,
Der Unterschied ist groß,
Die Ähnlichkeit kurios!

Ich danke Ihr für das schöne Trostlied, es hat mir bis auf den seltsamen Schluß ganz wohlgetan; aber ich weiß wohl, der Mondschein erlaubt nicht, etwas genau zu unterscheiden. So wisse Sie denn, ich bin die Starenkönigin Aglaster, und Ihr tölpelhafter Schäfer hat mit diesem Ei die Hoffnung der Welt, den künftigen Regenten des Starenvolkes vernichtet. Es war dieses Ei aber ein Schicksalsei, gar wunderbar gezeichnet, und wenn erst Herr Cisio Janus kommt, der wird Ihr schon auslegen, was der Schäfer getan hat.‹ Ich erwiderte hierauf: ›War es ein Schicksalsei, so hat Damon ein Schicksal mit sich verbunden; o ihr edles schwarzgefiedertes Starenvolk, willst du deiner Königin Sohn dienen, wo er auch sei?‹

Auf diese Frage erhob sich ein allgemeines Geschrei der Stare: ›Das wollen wir, das wollen wir!‹ –

›Wohlan‹, fuhr ich fort, ›so gehorchet ihm in dem edlen Schäfer Damon, mit welchem sich dieses Schicksalsei verbunden hat, was wahrlich ein Schicksal zu nennen ist, ein unabänderliches, unverschuldetes und recht gutes; denn ihr werdet in ihm einen weisen und milden Regenten haben, und in mir, seiner Braut, eine wohltätige Mutter. War es eurer guten Königin Aglaster nicht vergönnt, aus diesem Schicksalsei einen Starenprinzen zu brüten, so hat mir der Himmel doch verliehen, euch alle in Menschen zu verwandeln, was ihr in euren Voreltern gewesen, und ich will euch gründen ein Land Staren, und ihr sollet Weizen und Korn bauen und Weinbeeren essen in alle Ewigkeit.‹

›Weinbeeren! Weinbeeren! Vivat Prinz Damon!‹ schrie das Starenvolk nun allgemein. Frau Aglaster aber war ganz anderer Meinung, sie schüttelte mit dem Kopf und sagte: ›Ich habe mich hinreichend überzeugt, daß man eher bei Menschen Starenverstand

als bei den Staren Menschenverstand findet, und so wäre es besser, Damon würde ein Star und verbände sich mit mir, die eine arme Wittib ist, euch zu regieren.‹

Über diesen Vorschlag lachte und schrie das ganze Volk, sie sagten, das hieße vom Pferde auf den Esel kommen, und schrien fortwährend: ›Vivat Weinbeeren, Weizen und Menschenverstand!‹

Da war die ganze gute Stimmung der Frau Aglaster vorüber, und sie rief wieder: ›Mein Ei! Mein Wunderei! Komm, Cisio Janus, steh mir bei!‹ – Ich aber sagte: ›Ei was, es fällt kein Sperling vom Dach ohne Gottes Willen‹ – und wollte mich entfernen, da erwiderte sie: ›Vorhin spracht Ihr von einem Federchen, jetzt ist es schon ein Sperling; aber es ist hier von einem Schicksalsei und einem Nest die Rede, das kein Dach ist.

Höret, höret!
Es ist leicht, ein Ei zu kauen;
Aber was im Ei gelebt,
Läßt sich nicht so leicht verdauen;
Denn es wird sein Ziel erschauen,
Was da lebet, was da schwebt.
Weh! Mein Ei! Mein Wunderei!
Janus, Janus, Cisio,
Ach und Oh,
Steh den Witwen und Waisen bei!

Höret, höret!
Äußrer Faden abgerissen
Spinnt sich weiter innerlich
Und der leicht verschluckte Bissen
Wird nach Wissen und Gewissen
Einst auch wieder äußerlich.
Weh! Mein Ei, mein Wunderei!
Janus, Janus. Cisio,
Ach und Oh,
Steh den Witwen und Waisen bei.

Höret, höret,
Dieses Leben, das im Eichen
Ihr verzehret, war bestimmt
Nach der Schale Wunderzeichen
Viel Verkehrtes auszugleichen,
Was nun andre Wege nimmt:
Weh! Mein Ei! Mein Wunderei!
Janus, Janus, Cisio,
Ach und Oh,
Steh den Witwen und Waisen bei.

Ein Geschick habt ihr verschlungen,
Schien es gleich nur Starenei,
Was sein Flügel hätt' geschwungen,
Was sein Schnabel hätt' gesungen,
Das ist darum nicht vorbei:
Weh! Mein Ei! Mein Wunderei!

Janus, Janus, Cisio,
Ach und Oh,
Steh den Witwen und Waisen bei.

Was dem Star war zu verzeihen,
Neugier, Glanzsucht, Plauderei,
Wird manch Menschenherz entzweien,
Daß es muß zum Himmel schreien,
Weh um die Verräterei!
Weh! Mein Ei! Mein Wunderei!
Janus, Janus, Cisio,
Steh den Witwen und Waisen bei.‹

Während Frau Aglaster mit aller traurigen Majestät, deren ein kinderlos verwitwetes gekröntes Starenhaupt fähig ist, diese prophetische Weheklage ausseufzte, hörte ich mehrmals ein entferntes Stöhnen wie das eines Mannes, der auf mühsamem Wege begriffen ist, und bei diesem Stöhnen ward ihr Ruf immer heftiger. Schon wollte ich fragen, wer ist nur der Cisio Janus, der so lange ausbleibt, da sagte sie, als wisse sie meine Frage schon: ›Sparen Sie die Frage, hier ist er schon.‹ In diesem Augenblick kam ein Mann herein, der mich arme Frau Mondenschein, welche damals eine gar schüchterne Braut war, in eine ungemeine Verlegenheit setzte; es wurde mir, als kenne er mich durch und durch in allen meinen vier Vierteln, all meine Konjunktion, Komplexion,

Temperament und Leidenschaft. Es wurde mir ganz kurios zu Mute; denn es war mir, als schaue mir der Herr Cisio Janus bis in das feinste Strählchen meines Innern hinein. Ihr wißt wohl wie einem zu Mute wird, wenn man eben sehr superfein und engelrein wie Edelstein und Elfenbein und Heiligenschein in der Nähe werter Freunde sich zieret, und es tritt der Hofmeister herein, der einen abgestraft; der Hausarzt, der einem den Buckel, die schiefe Hüfte, die hohe Schulter vertrieb und Inneres und Äußeres eingerichtet hat; der Zahnarzt, der Nägel- und Hühneraugen- und Starstecher, der einen repariert hat; oder die Kleiderhändlerin, die einem den Prachtanzug gebracht hat, oder die Näherin käme und sagte: Das Hemd ist gar nicht mehr zu flicken, und breite es vor jedermann aus, und dergleichen menschliche Haushaltungsfälle, die einem das Blut in die Wangen treiben.«

»O ja, wir wissen schon, wir wissen schon, es ist zum Sterben!« riefen die Fräulein. »Aber wie geschah das durch den fatalen Herrn Cisio Janus so? Wie sah er denn aus? Wer ist er? Wie wußte er das? Lebt er noch? Könnte er jetzt wieder kommen? Ach, wenn er doch säße, wo der Pfeffer wächst!«

So fragten alle die Hoffräulein durcheinander und drängten sich ängstlich an Frau Mondenschein heran, als sei der Herr Cisio Janus, der alles wisse, schon in der Nähe.

Frau Mondenschein lächelte über die Besorgtheit ihrer Dienerinnen, und mit ihrem Lächeln kam eine innige süße Ruhe über alle, und sie waren wieder zufrieden; das artige Mäulchen, das sie im Lächeln machte, erinnerte mich an die freundliche Prinzessin Ameleya, wie sie sich so lieblich umschaute, da ich armer Radlauf ihr die nasse Schleppe trug nach ihrer Errettung aus der Rheinflut, damit sie ihr nicht so an die Beine schlagen sollte.

»Beruhigt euch ganz«, fuhr Frau Mondenschein fort, »Herr Cisio Janus lebt nicht mehr; ihr werdet hören, wie es ihm ergangen. Ich zog mich, als ich Fußtritte hörte, etwas hinter den Schäfer Damon zurück, und siehe, da trat ganz außer Atem ein Mann herein, nicht jung und nicht alt; er sah aus wie einer, der alle Tage anders ist und doch immer einerlei; wie einer, der ewig fortfährt und am Ende wieder von vorn anfängt. Sein Mantel hatte drei Bahnen, sein Hemd hatte drei Bahnen, seine Hosen hatten drei Bahnen; jede dieser zwölf Bahnen war von anderer Farbe und in vier gleiche Felder geteilt; jedes dieser Felder wieder in sieben Feldchen, und jedes dieser sieben Feldchen in vierundzwanzig halb helle und halb dunkle Würfel; alle diese kleinen Felder auf den Kleidern des Herrn Cisio Janus waren mit den Todesanzeigen vieler berühmter Leute besteckt, deren Geister ihn jährlich einmal am bestimmten Tage besuchen. Wenn dieses besonders ausgezeichnete Leute waren, so waren die Anzeigen von roter Farbe.

Alles dieses beobachtete er mit der größten Pünktlichkeit und war von oben bis unten und überall mit unzähligen Merkzeichen besetzt. Er hatte an jeder der zwölf Bahnen ein anderes Ordenszeichen hängen und folgte reihum dem Einfluß dieser großen Herren; sie waren wie die zwölf Himmelszeichen; was mir aber ganz ärgerlich war, ist, daß er mein Porträt unzählige Male bald ganz voll und rot, bald halb Profil, bald ganz Profil, bald rabenschwarz wie Knöpfe auf seine Kleider genähet hatte und daß diese Knöpfe keineswegs allein auf der Brust, sondern überall herum saßen; er sah aus, als ob er wunder was für vertraute Bekanntschaft mit mir hätte. Er hatte einen Wuchs wie ein Kerbholz, Beine wie ein Maßzirkel, Arme wie ein Zollstock; sein Gesicht war wie eine Sonnenuhr und die Nase wie der Zeiger; seine Perücke war in zwölf Locken um die Stirne frisiert, welche zwölf Stundenzahlen vorstellten; sein eines Auge sah immer nach dem Schatten, den seine Nase warf, und das andere sah bald die Leute an, mit denen er sprach, bald irrte es auf den vielen Zeichen seines Gewandes umher, meistens aber schaute es nach den Sternen durch eine Brille, die er gewöhnlich trug, oder ein Sehrohr, das er am Hut befestigt hatte. Dieser Hut aber war ganz abenteuerlich; er drehte sich und rauschte wie ein Bratenwender und der Lauf der Gestirne bewegte sich daran, allerdings nicht ganz richtig; und da er behauptete, daß dieses ganze Werk nur eine Fortsetzung seines Gehirns sei, welches er mit seinen Gedanken bewege, pflegte er sehr bös zu werden, wenn man sagte, es scheine doch aufgezogen zu sein wie eine andere Uhr, denn sein Haarbeutel gehe ja wie ein Perpendikel, und wozu denn die langen Schnüre niederhingen mit den Gewichten? Er sagte aber, dieses seien die Kleingewichte, an denen das Gleichgewicht von Europa

1/1
1/4
1/2

regiert werde, und der Haarbeutel sei das von ihm erfundene Perpetuum mobile, was ihm aber nicht geglaubt worden ist. Auf seiner einen Schulter saß ein Hahn, und in der rechten Hand führte er einen langen hohlen Stab, worauf eine kreischende Wetterfahne befestigt war, die ihm aber auch als Sehrohr diente. Auf seiner Schnupftabaksdose war ein Kompaß und in ihr selbst war Schneeberger Schnupftabak, jedoch weit mehr kleine weiße Erinnerungspapierchen, um dies und jenes nicht zu vergessen. Er schnupfte sie immer mit dem Tabak, und wenn er nieste, stoben sie wie Schneeflocken um ihn her. Zu seiner seltsamen Kleidung gehörte noch, daß er hinten über den Haarbeutel eine Schlinge befestigt hatte, woran er sich, wenn er ruhte, an die Wand hängen ließ, und außerdem war der seltsame Mann mit weißem Papier durchschossen, worauf allerlei Zinsen und Schulden, Geburts- und Sterbefälle aufgekritzelt waren. Man sollte meinen, das alles müßte sehr geraschelt haben; aber nein, er tat alles Schritt für Schritt und zu seiner Zeit, darum kam er auch gleich auf den Ruf der Frau Aglaster; denn er hatte die Reise schon aus den Sternen gesehen und sich zur gehörigen Zeit auf den Weg gemacht.

Jetzt könnt ihr euch den seltsamen, bunten, krausen, schnurrenden, perpendikelnden Mann denken, der doch ganz stille, leise und pathetisch war.

Aber sein Diener, der ihm mit einer Papierlaterne

leuchtete, war nicht weniger wunderlich; er hieß ...[1], und was sein Herr an Kleidern zuviel hatte, das hatte er zuwenig. Sein Kleid lag ihm so dicht auf dem Leib, daß der Hundertste hätte glauben sollen, er hätte gar keines an; er hatte wunderbare Manieren und ließ sich nie von der Seite sehen. Wie man nach ihm schaute, trat er einem mit dem ganzen Leib entgegen, spreizte die Füße und streckte die Arme kreuzweis auseinander. Eine ganz besondere künstliche Einrichtung aber an ihm war, daß an sehr vielen Stellen seines Leibes Schnüre befestigt waren, an deren Enden auch eines der Ordenszeichen hing, die sein Herr anhangen hatte, und wenn sein Herr ihn rief, stiegen diese Zeichen mit den Schnüren in die Höhe, und es war, als ob ein Pfau ein Rad schlägt. Er war übrigens, obwohl man alle seine Adern hüpfen sah, ein gelassener Mensch und ohne viele Worte; denn er sagte nichts als: ›Gut lassen‹ oder ›Bös lassen‹, was so viel hieß als: ›Ja, Ihro Wohlweisheit‹ oder: ›Nein, Ihro Wohlweisheit.‹ – Seine Papierlaterne war auf einem Stabe befestigt, an welchem eine Tasche voll Schröpfköpfe, Lanzetten, Aderlaßschneppern und vielen weißen und roten Binden hing.

Das sind die Leute, die in die Höhle traten. Eben wollte Frau Aglaster ihm ihre ganze Leidensgeschich-

1 Statt des Namens findet sich hier eine Lücke in der Handschrift; es ist damit das Aderlaßmännlein gemeint. (Anmerkung des Herausgebers)

te vorerzählen, aber er nahm sogleich das Wort und sagte: ›Es ist mir nur allzu bekannt, daß alle Aspekte von Konjunkturen und Konstellationen Ihrer Nativität auf den Gipfel einer gefährlichen Entscheidung gekommen waren in diesen Tagen, und ich habe bereits alles voraus notiert. Ich war immer der treueste Diener Ihres hohen potentatischen Hauses und Resident und Geschäftsträger derselben bei den hohen himmlischen Häusern und dem Tierkreis des Herrn Sternenreichs, was die mich bedeckenden vielen hohen Orden rühmlich beweisen. Ich habe die geheime, treulose, intrigante Politik des mit der Hohen Pforte nicht umsonst so nahe verwandten Mondhofs gegen Dero hohe und lautere Ansprüche Allerhöchst Dero Stammes gründlich mit meinen Augen und sonstigen Hilfsmitteln ausgemittelt und mir zum voraus dargestellt und dessen gefährliche Insinuationen immer früh genug entlarvet, um derselben nachteilige Wirkungen zu evitieren. Bei Hochderoselben Geburt waren bekanntlich die Aspekte über Dero hohes Haus ganz ungemein bedrohlich; es ergab sich aus den Gestirnen Dero Temperaments Komplexion als von den tragischsten Ereignissen begleitet; ja es ergab sich, daß durch Hochderoselben vermutlichen Nachkommen ein gänzlicher Umsturz des königlichen Hauses erfolgen könne. Es war daher in einem hohen Familienrat beschlossen, Hochderoselben Eigenschaften: Neugier, Hang nach blinkenden Gegenständen, Plauderei und vor allem hochfliegende Gesinnung für Dero Stamm unschädlich zu machen, und so wurden Hochdieselben durch meine ungemeinen Bemühungen und Konnexionen bei dem feindlichen Mondhofe durch denselben selbst in einen Starenvogel mit Beibehaltung königlicher Würde verwandelt und einem melancholisch gewordenen hochgebornen Forstjunker Picus de Mirandola Hochdero königlichen Hauses anvertraut, auf daß er Hochdieselben hier in den Schwarzwald als eine Dero nunmehriger Persönlichkeit entsprechende und von Dero Heimat genugsam entfernte Gegend bringen sollte. Dieser ausgezeichnete, nur etwas überspannte Mann ist Hochdero Person nur allzu bekannt, Dero Trauer als Witwe ehret sein Angedenken.‹

Hier unterbrach Frau Aglaster die lange Staatsrede des Cisio Janus mit einem rührenden Schluchzen, wobei sie die Flügel betrübt niederhängen ließ, und auch alle anwesenden Stare piepten und jammerten, welche einfache

Naturstimmen wunderbar mit dem geschraubten Staatsstil des Cisio Janus zusammenstimmten.

Cisio Janus fuhr fort: ›Des hochseligen Herrn Gemahls Picus de Mirandola ernste Gesinnung, seine großen Naturstudien, seine früh erlangte Doktorwürde und gekrönte Preisschrift von der Einheit der vier Elemente, seine gelehrten Würden als wirkliches Mitglied der fruchtbringenden Gesellschaft der Erde, korrespondierendes Mitglied der atmosphärischen Gesellschaft der Luft, begleitet mit dem Orden der Windrose, assekuriertes Mitglied der Akademie des Feuers, Inhaber des Phönixordens, schwimmendes Mitglied der Akademie des Wassers mit dem Orden der Arche Noah und dem Ehrenzeichen des gekrönten Mühlrads, alles dieses, verbunden mit einer entschiedenen Neigung, unverehelicht zu bleiben, entsprachen ganz der Wahl seiner Person zu Allerhöchst Dero Exilsvollstreckung. Aber man hatte desselben gefährlich poetische überspannte Richtung und Hang zum Mystizismus und seine gefährliche Hinneigung zur Politik des Mondes nicht erwogen. Es zeigte sich hier das alte Sprichwort im vollen Maße als wahr:

Des Gestirnes Schicksalszwirn
Kannst du höchstens nur verwirrn;
Endlich kommt er an die Sonnen,
Ist er noch so fein gesponnen.

Man hatte Hochdieselben hier in diese Höhle bringen lassen, weil hier damals keine Stare waren, und so einer etwaigen Neigung Hochderoselben, zur Ehe zu schreiten, begegnet war. Der Hochselige Herr Picus de Mirandola gewann aber zu Hochderoselben liebenswürdigen Eigenschaften eine große Zuneigung; er wollte dieselben nie mehr verlassen; er überließ sich hier in der Höhle seinen ferneren Studien, und das trügerische Kabinett des Mondes trieb ihn mit seiner scheinheiligen Influenz endlich so weit, daß er durch geheimnisvollen Selbstmord sich in einen Staren verwandelte und mit Hochderoselben das Ehebündnis schloß. Das hier anwesende edle Volk der Stare verdankt dieser Verbindung seine Anwesenheit allhier, aber auch die allgemeine Klage über vorliegendes zerbrochenes Schicksalsei; er selbst ward von einem ausgesandten königlichen Kammerjäger, um diese Konjunkturen zu vermeiden, welche ich vorausgesehen, aber leider zu spät, erschossen; das Schicksalsei war schon gelegt, und es blieb dem Kammerjäger nichts übrig, als die Quelle über den Eingang zu leiten, um das Ausbrüten des gefährlichen Schicksalseis zu stören. Dieses gelang, aber zum Schaden, denn durch die List der Frau Mondenschein geschah der Handel mit dem Schäfer, der das Ei verschluckte und das Schicksal mit demselben, welchem nun ferner abwendend zu begegnen unserer geringen Einsicht obliegt. Es wird daher vor allem nötig sein, die zurückgelassene Schale zu inspizieren und ad acta zu legen, nach gehöriger Vergleichung mit meinen einschlagenden Notizen aus dem Gestirn.‹ Indem griff er mit der einen Hand nach einem spitzigen Messerchen, und da er etwas auf seinem wunderlichen beschriebenen Rock nachsehen wollte, und diese Hand dazu brauchte, nahm er das Messer in den Mund; er besah das Ei und die Zeichen seines Rocks vergleichend ganz tiefsinnig. Indessen nahte die Zeit, daß ich, Frau Mondenschein, mich verändern sollte, ein Moment, wo meine Gewalt so groß wird, daß selbst das Meer meiner Schleppe folgt. Das Aderlaßmännchen fühlte die Veränderung in allen seinen Adern und lispelte schon die Worte:

›Bös lassen, bös lassen‹,

die Räder auf den Kopf des Cisio Janus fingen an sich zu drehen, der Hahn auf der Schulter streckte den Hals; alle diese vielen Konjunkturen, vereint mit der Beschauung der Nativität des Schicksalseies spannte den Mann aufs äußerste; er stand wie erstarrt, während alles zu ihm Gehörige bewegt zitterte. Ich aber sah der Frau Aglaster scharf ins Gesicht; sie hatte die Worte des Cisio Janus mit Trauer und Erbitterung gehört; die Art, wie er von ihrem verstorbenen Picus de Mirandola gesprochen, die Eröffnung, daß er durch ihren Stamm beiseite geschafft worden, daß man den Untergang ihres Eies durch den Wassersturz beabsichtigt, alles das und vor allem ihr dringendes Geschick trieben sie auf den äußersten Punkt der Verzweiflung; aber sie verriet sich nicht und sprach folgende Worte:

›Mein Volk, du hast gehört,
Ich bin zum Weh geboren;
Ein Opfer für mein Haus,
Hab ich den Wald erkoren;
Prinzessin ward zum Star,
Doch Picus folgt mir nach,
Der euer Vater war,
Der also weislich sprach,
Er fiel durch ein Geschoß,
Aus meines Stammes Hand,
Und auch mein letzter Sproß,

Den Tod durch diese fand.
Nun rief um Hilfe ich
Den Cisio Janus an,
Der hat gar grausamlich
Mir weh im Herz getan.
Mit bleibet keine Wahl,
Geht, folgt dem Schäfer ihr,
Ich ende meine Qual,
Als eine Heldin hier.
Hört meinen letzten Spruch:
Mondschäfer! Euren Stamm,
Ich jetzt mit ernstem Fluch
Zu Starenart verdamm,
Neugier und Sucht nach Glanz,
Leichtsinn und Plauderei,
Der Tiefsinn meines Manns,
Bei Kind und Kindskind sei;
Bis einst später Erbe
Als Star wie ich so edel sterbe.‹

Bei diesen Worten schrie das Aderlaßmännchen: ›Hart lassen, hart lassen‹, und der Hahn krähte mit lautem Schrei. Aber Frau Aglaster stürzte sich mit ausgebreiteten Flügeln mit solcher Heftigkeit gegen das Angesicht des schielenden Cisio Janus, daß sie ihr edles Herz auf der Lanzette durchspießte, die er im Munde hatte, und mit dieser in seine Weste tot hinabsank, die er eben aufgeknöpft hatte. Alles dieses geschah in einem Augenblick, doch störte es den Herrn Cisio Janus gar nicht, er lächelte und las, die Weste zuknöpfend, von derselben folgende Worte ab:

›Gut Aderlassen auf den Schreck,
Die Königin bringt zu dem Zweck!

Ist eingetroffen‹; dann sagte er zu den wehklagenden Staren: ›Beruhigen sich die Fräulein und Junker einstweilen und hören meinen ferneren Bericht über meine Erkenntnisse, insofern sie die hochselige Frau Aglaster und deren Dependenz betreffen; denn das Verfahren meines respektiven Hofes ist allerdings offen und scheuet das Licht nicht. Erstens meine Aufmerksamkeit und schnelle Abreise für Frau Aglaster:

Bös Eierlegen, groß Gefahr,
Für Mensch und Fisch und Katz und Star.

Verspätete Ankunft:

Mit dichten Stiefeln versehe dich,
Der Wassermann geußt heftiglich.

Eingetretene hohe Unfälle:

Groß Schicksal für gekröntes Haupt,
Der Mutter wird das Kind geraubt.

Unmaßgebliche schon erwahrte Folgen:

Gut Aderlassen auf den Schreck,
Die Königin bringt zu dem Zweck!

Das Schicksalsei betreffend:

Die Sterne schreiben ihre Schrift,
Wenn's auch ein kleines Ei betrifft.

Nun aber schreite ich zur Erklärung der wunderbaren Signatur des Schicksalseies selbst‹, und damit zeigte er auf der Eierschale hintereinander abgebildet und erklärte folgende Figuren.

›Erstens eine Viertelmondscheibe und ein Schäferstab dabei:

Des Mondscheins letztes Viertel noch
Verliebt sich in den Schäfer doch,
Die Schäferin kommt hoch in Flor,
Die Menschen schiert, der Schaf sonst schor.
Er bleibt vom Mondenschein behext,
Bis durch den Tisch der Bart ihm wächst.

Hierauf eine Reihe Figuren, die feineren Nachkommen betreffend, erstens: Der Mondschäfersohn, verbunden mit einer Erdentochter, bedeutet durch einen Edelstein:

Ein Kind, im Schäfermond geboren,
Liebt Glanz und Stein herauszubohren;
Die Habsucht treibt es in den Grund,
Die Neugier bricht den edlen Bund.

Weiter der Enkel und seine Braut, durch einen Vogel abgebildet:

Ein Kind, im luft'gen Mond geboren,
Mit Feuer und mit Erd verschworen,
Bringt Land und Leut in Brandgefahr,
Neugier verbrennt seine Mutter gar.

Weiter der Urenkel und seine Braut, als Mühlrad abgebildet:

Ein Kind, im Feuermond geboren,
Geht in dem Wasser schier verloren,
Neugier, Leichtsinn, Verräterei
Aus altem Stamm wird werden frei.

Das Mühlrad, ein Star mit einer Linie durchzogen, eine weiße Maus und ein Fisch. Ich sehe wunderbare Dinge in den Sternen:

Wunderzeit, wenn Ratz und Katz
Geleiten einen Schatz zum Schatz
Wohl auf des alten Rheines Flut,

Es wird dann alles werden gut,
Glück, dann hält deines Rades Lauf
Der Brautkranz und die Krone auf.
Freiwillig stirbt ein edles Haupt,
Dem Müller wird die Braut geraubt,
Aglasters Fluch erfüllet sich,
Bis einer edel stirbt, wie ich;
Es gibt die Luft sich selbst den Tod,
Es läuft die Erd nach Zuckerbrot,
Das Wasser schlüpft in rote Schuh,
Das Feuer nur allein hat Ruh,
Vermählet mit der Quellen Flut
Tut's krankem Vieh und Menschen gut.
Groß Teuerung und Hungernot,
Der Pfeffer ist voll Mäusekot,
Es lachet auf des Rheines Grund
Manch blaues Aug, manch roter Mund.
Der Müller ziehet über Land
Und trägt den Sarg in seiner Hand,
Und legt zur Ruh der Väter Haupt,
Die Krone kehrt, die war geraubt.

Das sind nun die unfehlbaren Überschriften der zukünftigen Geschichte; aber ich verstehe die Katze und Ratze dem Schluß gegenüber nicht, und zwar:

Die Katze ist ein dunkles Bild;
Sie scheinet auf die Ratze wild;

Sie kämpfen gegen, kämpfen für
Gleich wie zwei Advokaten schier.

Weiter findet sich noch hier in meinen Adspekten notieret:

Der Freund verändert die Natur
Zu huldigen der Freundin nur,
Zum Sarge wird sein treues Herz
Zu rächen den gerechten Schmerz.

Ich kann dieses nicht anders auslegen, als daß Frau Aglaster hier an meinem Herzen ruht, wie alle Interessen ihres königlichen Stamms.‹

So weit hatte er gesprochen, als meine Zeit, zu verschwinden, auf dem letzten Punkt stand: Da sagte ich zu Damon, vor die Höhle zu gehen und die Flöte zu blasen; er tat es, und alle Stare folgten ihm nach, ich aber trat dem Cisio entgegen und sprach: ›Ich will dir das von der Katze und dem Herzenssarge erklären‹, ich berührte ihn mit meinem letzten Strahl, und der ganze zusammengeflickte schnurrende Mann mit all seinem Lauern und Haschen war in eine große Katze

verwandelt, welche die verstorbene Frau Aglaster rupfte und aufzehrte. Das Aderlaßmännlein ritt auf derselben schnell davon als Kurier nach Hause, die Nachricht zu melden; erhielt aber ein so schlechtes Trinkgeld, daß er später Leibchirurg beim hinkenden Boten und endlich gar Blutegel geworden.

Liebe Freundinnen!« fuhr Frau Mondenschein fort, »dieser Fluch der Frau Aglaster ist wahr geworden. Als die Königin so herrisch gestorben war, sprach ich zu ihren Untertanen: ›Nun begebt euch in diese Höhle, begrabet die Frau Aglaster, nach drei Tagen werden wir uns wiedersehen.‹ Über diese Verhandlungen war es Nacht geworden, und da die Zeit herannahte, da ich, wie ihr wißt, mich verdunkle und immer kleiner werde, ja sogar durch ein wunderbar Geschick ein Paar Hörner bekomme, eilte ich, mich vor meinem Geliebten zu verbergen, der mich nur in meinem vollen Glanze gesehen hatte, weil ich fürchtete, er möge mich dann weniger lieben.

Ich erweckte meinen Damon und sagte zu ihm: ›Komm, mein lieber Hirt, ich will dich zu meinem Vater führen und ihn bitten, daß er uns zu unserer Ehe seinen Segen gebe.‹ Er folgte mir, nur fragte er oft: ›Wer ist dein Vater? Wo wohnt er? Ist es noch weit?‹ und schien überhaupt sehr neugierig geworden, was mich ängstigte, darum machte ich ihn wieder schlafen, und so hob ich ihn empor über die Gipfel der Berge zu meinem alten Vater, dem Mond,

der hinter einer Wolke saß und allerlei alte abgetragene Monde und Sterne, die da in der Rumpelkammer lagen, musterte: ›Was machst du, Vater?‹ sagte ich. – ›Ei‹, sprach er, ›mein Kind, suche mir unter den alten Invaliden einen aus, der mir die Stene hüten könnte, wenn ich mich verfinstere.‹

›Da komm ich ja recht gelegen‹, sprach ich, ›seht, da bring ich Euch einen Hirten, schön und tugendhaft, er wird Euch die Sterne gar wohl hüten.‹ – ›Aber um welchen Lohn‹, sagte mein Vater, ›wird er mir meine Sterne hüten?‹ – Ich antwortete ihm, um keinen geringeren Lohn, als der edelste Schäfer Jakob von seinem Herrn Laban genommen hat, um mich, um Eure Tochter.

Da lachte mein Vater und sagte: ›Ei, ei, weht der Wind daher, aber wo willst du mit ihm wohnen?‹ – ›Ich habe ihm schon ein Schloß erbaut, und Land und Leute soll er finden‹, erwiderte ich und erzählte meinem Vater alles; auch die Verwünschungen der Frau Aglaster. – Hierauf riet er mir, meinem neuen Geliebten meine Abkunft zu verbergen und ihm unter der strengsten Strafe zu verbieten, daß er mir, wenn ich abnehme und im letzten Viertel verschwinde, irgend nachforsche; das versprach ich ihm, und so gab mir der gute Vater seinen Segen, worauf er mir sagte, ich sollte mit ihm zu meiner Großmutter gehen, die er immer besuchte, wenn er sich verfinstere. Während er sich zu dem Weg bereitete, weckte ich meinen schlafenden Damon, gab ihm einen Schäferstab in die Hand und zeigte ihm die Sterne, die er hüten sollte, mit dem Versprechen, in wenigen Tagen ihn wiederzufinden, worauf ich ihn verließ und meinem Vater zur Großmutter folgte. Unterwegs erzählte mir der Mond, mein Vater, Folgendes: ›Es ist lange her, daß ich bei der Großmutter war, und ich weiß gar nicht, ob sie noch lebt. Ich will dir nun sagen, warum ich nicht gerne zu ihr gehe. Es war im ersten Winter, den die Welt jemals erlebte, sehr kalt; ein junger zarter Knabe war ich, und da kam es mir ganz spanisch vor, so nackt wie ich bin, nachts die Laterne am Himmel herumzutragen; ich lief daher weinend zu meiner Mutter und sprach: ›Mutter, macht mir einen warmen Rock, denn mich friert ungemein.‹ – ›Von Herzen gern‹, sagte meine Mutter und nahm mir das Maß; ich war damals gerade im Zunehmen, und da ich wie Kinder keine Ruhe hatte, lief ich von meiner Mutter weg und schweifte mit meiner Sternenherde am Himmel herum; aber die Kälte trieb mich wieder hin zu ihr, nach meinem Röcklein zu fragen. Sieh, da war ich unterdessen so groß geworden, daß ich gar nicht in den Rock hinein konnte. Meine Mutter begann nun das Röcklein wieder aufzutrennen und die Nähte aller Orten auszulassen, damit der Rock mir passen möge. Ich konnte das aber nicht erwarten und lief ihr wieder davon zu meiner Herde. Sie nähte emsig manche lange Nacht bei dem Lichte eines Kometen, und da sie nun fertig war und ich ganz erfroren wieder nach Hause kam: sieh, da war ich wieder so dünn, schmal und blaß vom vielen Laufen geworden, daß das Röcklein wie ein Sack über mir hing, so daß ich bei jedem Schritt und Tritt stolperte. Darüber ward meine Mutter so verdrossen, daß sie mir verbot, je wieder ihr Haus zu betreten, sie jagte mich hinaus, und seitdem muß ich armer Schelm nackt und bloß am Himmel herumlaufen, bis jemand kommt und mir ein Röcklein kauft. Du kannst daraus leicht abnehmen, daß die Großmutter ein bißchen verdrießlich ist und dich wahrscheinlich übel anfahren wird, besonders wenn sie etwas von deiner Liebschaft hört, aber mach dir nichts draus, die alten Leute sind wunderlich.‹

Unter solchen Gesprächen kamen wir in den Tierkreis, über dem die Großmutter wohnte, und als wir endlich an ihr Haus kamen, das von außen wie ein alter Hühnerkorb aussah, pochten wir an; aber du mein Gott, was herrschte da drin eine Pracht! Alles spiegelte und blinkte, auf den Treppen war Sand von gestoßenen Sternen gestreut, alle Wände standen voll blanker Teller und Kannen; kurz alles war so aufgeputzt, daß man nicht wußte, wo die Füße hinsetzen.

Wir pochten an vielen Türen, aber alle waren verschlossen, bis uns ein Geklimper und Gezänke in

den Hof lockte; – da war ein merkwürdiger Spektakel; die zwölf Zeichen des Tierkreises standen umher und scheuerten und putzten an einer Menge von Monden, Sonnen und Kometen, daß ihnen die Finger bluteten. Meine Großmutter stand mitten unter ihnen; sie hatte einen Kamm in der Hand und kämmte einen großen Kometenschweif aus. Kaum hatte sie uns gesehen, als sie davonlief und dann eilig in einem andern Kleide wiederkam; die Haube hatte sie in der Bestürzung verkehrt aufgesetzt. Als sie nun meinen Vater erblickte und erkannte, fing sie gleich an zu zanken: ›Was! Du unverschämter Bursch, läufst du immer noch nackend herum? Du verlorener Sohn! Kommst gewiß wieder um ein Kleid zu betteln, und was hast du denn da für eine gezierte Dirne bei dir?‹ – ›Liebe Mutter‹, sagte mein Vater mit Tränen, ›es ist meine Tochter, die euch die Hände küssen will‹ – und nun ging ich hin und küßte der Großmutter den Saum ihres Gewandes, worüber sie sehr gerührt wurde und mich weinend an ihr Herz drückte, meinem Vater aber schenkte sie ein gestricktes Kleid, Hosen und Wams an einem Stück, welches man Leib und Seele zu nennen pflegt und das sich nach seiner verschiedenen Größe in die Weite und Länge dehnte. Nun hieß sie uns erst recht willkommen, führte uns in ihre prächtigen Stuben und zeigte uns alle ihre Schätze. Da standen wohl viele Hundert Monde und Sonnen und Sterne, alle blank wie Spiegel gescheuert, wohl an die hundert Zentner Kometen waren in Vorrat da, ein ganzer Speicher voll Nordscheinen, zwei Keller voll Sternschnuppen, jeder in ein Papierchen gewickelt; unzählige Hunderte von Irrwischen in Flaschen petschiert; was mich aber am meisten freute: einige hundert Dutzend der schönsten Regenbogen, in nasses Stroh eingewickelt; kurz, da war alles vollauf.

Als wir diese Schätze hinreichend bewundert hatten, sprach sie: ›Ihr kommt heute gerade recht, denn meine Katze hat sich heute so viel geleckt und geputzt, daß ich gewiß Gesellschaft bekomme; drum habt ihr mich auch mit Putzen und Scheuern beschäftigt gefunden.‹ Hierauf klagte sie sehr über die Verderbtheit des Gesindes heutzutage, stellte Spieltische zurecht und räumte hie und da in der Stube auf.

Kleine Zeit darauf kamen vier alte Schwestern zu ihr, die ebensogut geputzt waren wie sie. Sie bewillkommten sie mit unendlichen Komplimenten, und ihre Lieblingstierchen, die sie mit sich trugen, spielten miteinander. Die Großmutter stellte ihren Sohn als Monsieur Mond, mich, ihre Enkelin, als Mademoiselle Claire de Lune vor, und die Damen empfingen uns mit ungeteiltem Beifall. Nachher setzten sie sich an den Spieltisch und spielten Karten, wobei ich, die Langweile zu vertreiben, die Damen etwas näher betrachtete.

Die eine hieß Frau Luft. Sie war sehr mager und leicht und durchsichtig gekleidet und pfiff ein wenig mit der Nase, was ihr Papagei, den sie auf dem Arme trug, nachmachte. Die andere hieß Frau Erde. Sie war eine Witwe, dick und fett, und hatte einen grasgrünen Sack mit Diamanten besetzt; sie mußte nicht ganz wohl sein, denn es rumpelte ihr oft im Bauch, worauf sie nieste und alle ›Gott helf!‹ sagten; auf ihrem Arm hatte sie einen Affen sitzen. Die andere hieß Frau Feuer. Sie hatte wenig Ruhe und wackelte immer hin und her; ihr Rock war von geschlagenem Gold und Asbest; alle Augenblick bat sie sich einen kühlen Stuhl aus und leckte sich vor Hitze den Mund, in ihrem Schoß hatte sie einen Salamander sitzen, den sie sehr liebkoste.

Die vierte Dame hieß Frau Wasser. Sie hatte ein Kleid von Binsen an, mit Perlen gestickt; bald war sie ganz ruhig und sanft, bald aber, wenn Frau Luft einen guten Trumpf machte, runzelte sie die Stirne und wurde recht zornig; mit Frau Feuer aber konnte sie sich am wenigsten vertragen und fuhr ihr alle

Augenblick übers Maul. Übrigens hatte sie einen schönen Goldfisch im Schoße, mit dem sie spielte; auch nahm sie alle Augenblick einen Vorwand, beiseite zu gehen: bald drückte sie der Schuh, bald war ihr nicht wohl, bald dieses, bald jenes.

So war die Gesellschaft, und ich merkte meinem Vater wohl an, daß er ebensogern als ich im Freien gewesen wäre; denn er begann schon wieder zu wachsen, und seine Jacke war ihm doch unbequem. Nach dem Spiel wurde geschmaust, und endlich fing meine Großmutter an, davon zu sprechen, ob ich nicht Lust hätte, mich zu verheiraten. Ich ward über und über rot und sagte ja, und mein Vater sagte: ›Darum kommen wir eben, ihr Bräutigam ist bei mir zu Hause und hütet mir die Sterne, ein munterer schöner Schäfer.‹ – ›Bravo!‹ sagten die vier Damen, aber die Großmutter sagte sehr zornig: ›Was, brav! Daraus wird nichts; ich bin noch ein bißchen reicher als sonst jemand, und werde meine Enkelin eher einem Schiebkärrner geben als solch einem Vagabunden, Poeten, Landstreicher, so einem Schäfer!‹ –

›Ei, ei‹, sagte Frau Erde, ›hat doch Apollo selbst die Schafe des Königs Admet gehütet.‹ – ›Und war doch Jakob ein Schäfer, der die Rachel am Brunnen sah‹, sagte Frau Wasser, und Frau Luft und Feuer stimmten ein und verteidigten meine Wahl.

Da ward meine Großmutter sehr zornig und sagte: ›Wohlan, so mögen Ihre Töchter, meine Damen, alle solche Mißheiraten tun; darum will ich den allmächtigen Jupiter bitten; ein Bergknappe, ein Vogelsteller, ein Kohlenbrenner, ein Müller mögen eure Nachkommen werden.‹ – ›Das soll ein Wort sein, ja und Fürsten und Könige!‹ schrien die Damen aufstehend und in die Hände patschend. – Da schrie die Großmutter: ›Fort! Packt euch aus meinen Augen, Freunde sind wir gewesen!‹

Mein Vater konnte sich nun nicht mehr halten; der Zorn hatte ihn so aufgetrieben, daß ihm ein Knopf von seiner Jacke gerade der Großmutter ins Maul sprang, die darüber in eine Ohnmacht fiel, und somit brach die Gesellschaft in allgemeiner Verwirrung auf, und ich eilte mit meinem guten Vater zurück auf die Himmelswiese, wo ich meinen Damon schlafend fand.

Mein Vater legte seine Hand in die meinige und sagte zu ihm: ›Du hast mir gedient wie Jakob dem Laban, ich gebe dir meine Tochter, doch frage nie, wer sie ist, und wenn sie sich von dir entfernt, wolle nie wissen, wo sie hin ist. Während der Zeit ihrer

Abwesenheit hüte du redlich meine Sterne. Jetzt lebet wohl. Gott segne euch.‹

Traurig nahm ich Abschied von meinem Vater und brachte meinen Damon wieder hinab auf die Erde. Kaum hatte er sie mit dem Fuße berührt, als er heftig zusammenfuhr, als erwache er plötzlich: ›Ach‹, sagte er, ›welchen seligen Traum habe ich gehabt!‹ Und nun erzählte er alles, was ihm geschehen war.

Ich aber hatte mich nicht auf dieser Insel, sondern auf dem Berge, wo jetzt das Staarenberger Schloß steht, mit ihm niedergelassen und sagte ihm, daß ich seine Frau sein wolle, daß ich ihn aber nur in mondhellen Nächten besuchen könne, und daß ich mich das letzte Viertel des Monats ganz von ihm zurückziehen müßte; wenn er mir schwöre, mir nicht nachzuforschen, so wolle ich ihn und unsre Nachkommen mit Glück und Segen überhäufen. ›Ach‹, sagte er, ›wenn ich nur in der Zeit deiner Abwesenheit immer so selig träumen könnte wie heute, von einer so schönen Wiese, einer so herrlichen Herde, so will ich niemals in deiner Abwesenheit nach dir verlangen.‹

Nun aber berief ich die Stare zusammen, welche sich alle in kräftige und gesunde Menschen verwandelt hatten und in langen Zügen den Berg heranwallten. Ich stellte ihnen meinen Gemahl als Fürsten von Staarenberg vor; sie huldigten ihm, und nun ward der Grundstein zu dem Staarenberger Schloß

gelegt. Gold und Silber fanden sie die Menge in dem Berge, wo sie die Steine brachen, und bei unermüdeter Tätigkeit sah bald das Schloß glänzend und herrlich nieder in den Spiegel des Sees. Ich besuchte meinen Gatten alle Abend, sobald mein Vater an dem Himmel erschien, der eine rechte Freude über mein Glück hatte und unser Schloß recht freudig ansah.

Das erste Mal, als ich ihn im letzten Viertel meines Vaters verlassen mußte, schlief mein Damon ein, und ich hob ihn an den Himmel, und er hütete unsere Sterne, bis mein Vater wieder selbst an sein Amt trat und ich meinen Gatten wieder besuchte, der mir mit Freuden erzählte, daß er abermals jenen schönen Traum gehabt habe.

So lebten wir glücklich; das ganze Land verschönerte sich, und am Ende des Jahres brachte ich meinem Damon einen Sohn, den wir Johannes nannten und der von nun an unsere Freuden sehr vermehrte.

Als ich nachts einmal erwachte, hörte ich eine Stimme bei seiner Wiege singen, und weil ich seine Wärterin sonst nie singen gehört, zog ich den Vorhang zurück und sah den Geist der Frau Aglaster, aber nicht in Starengestalt, sondern wie eine altfränkisch gekleidete weiße Frau mit einem Krönlein auf dem Haupte neben der Wiege stehen. Sie hatte einen blitzenden Diamantring am Finger und funkelte dem Kinde damit vor den Augen, welches begierig die Hände danach streckte, dazu sang sie gar beweglich:

›Ein Kind, im Schäfermond geboren,
Liebt Glanz und Stein herauszubohren,
Es lockt der Schatz im tiefen Grund,
Und Neugierd bricht den treuen Bund!‹

Da fielen mir die Worte des Cisio Janus in der Starenhöhle ein, und ich sagte: ›Gnade Gott, Frau Aglaster!‹ Sie aber sprach: ›Tugend und Laster bringt seine Frucht; Segen ist gesegnet, Fluch ist geflucht‹, und da verschwand sie. Die Leute hatten alle noch viel von der Starenart, die Wärterin hatte das Lied gehört, ich hörte sie es nochmals an der Wiege singen, ich verbot es und sandte sie fort, da kam es gar unter die Leute, und ich mußte es oft hören!

Als Johannes mehrere Jahre alt war, pflegte er mit den Arbeitern an dem Berg herumzulaufen, und besonders war er gern in den Steinbrüchen und freute sich, wenn die großen Marmorblöcke losbrachen und mit lautem Geprassel in das Tal niederstürzten; ja er hatte eine solche Freude an dieser Arbeit, daß er in den Nächten, wo ich abwesend sein mußte und Damon träumte, als hüte er die Sterne, sich heimlich wegschlich, mit einer Lampe in dem Steinbruch herumkletterte und alle Steine hinabrollen ließ, die er bezwingen konnte.

Eines Abends nun hatten die Steinbrecher einen ungeheuren Block schier bis zum Niederstürzen losgebrochen und verließen ihn, als es dunkel ward, mit den Worten: ›Lassen wir ihn, er wird heute nacht durch sein Gewicht schon von selbst losbrechen‹, und so gingen sie mit dem kleinen Johannes nach Haus. Nun aber konnte dieser seiner Begierde, den großen Marmorblock losstürzen zu sehen, nicht mehr widerstehen, und kaum schlummerte alles im Schloß, als er mit seiner Lampe zurück nach dem Steinbruch schlich. Mit gespannter Erwartung setzte er sich in eine Höhle neben den Block und hielt seine Lampe hervor, um den Block recht zu beleuchten, wenn er losstürze. Eine ganze Stunde hatte er gesessen, als die Glocke auf der Schloßuhr zwölf schlug und der Stein mit ungeheurem Geprassel niederflog und weit, weit in die Mitte des Sees stürzte, dessen Wellen mit ungeheurem Geräusch um ihn in die Höhe schlugen. Die Berge rings hallten wider, die Erde zitterte, und der kleine Johannes hatte ein

namenloses Vergnügen an dem Lärm. Wie groß aber war seine Verwunderung, als er, da das Geräusch vorüber war, in seiner Nähe ein ängstliches Gewimmer hörte, und wo der Marmorblock niedergebrochen war, eine offene Höhle erblickte, in welcher einige kleine graue Weiblein ängstlich tiefer hinein flohen und eine kristallne Wiege verließen, in der ein wunderschönes Mägdlein schlief.

Neugierig trat der kleine Johannes an die Wiege, und da er nie ein anderes Kind gesehen hatte, verursachte ihm der Anblick die größte Freude. Die kühle Nachtluft, die in die Höhle drang, erweckte die Schläferin und sie wollte weinen; aber da wiegte sie der kleine Johannes, und sie lächelte, worüber er eine unaussprechliche Freude hatte.

Kaum hatte er des Vergnügens einige Minuten genossen, als die kleinen grauen Frauen wiederkamen, die Wiege aufpackten und mit ihr tiefer in den Berg eilten. Johannes lief nach und gelangte endlich in eine schöne Kristallhöhle, wo eine hübsche alte Frau an einem erzenen Tisch saß und eine Menge Edelsteine vor sich hatte. Es war die Frau Erde, die ich euch schon bei meiner Großmutter beschrieben habe. Sie spielte mit ihrem Affen Schach, und alle die Figuren des Schachbretts waren lebendige Tierchen und machten allerlei artige Posituren.

Da die Wiege hereingebracht wurde, nahm sie ihr Töchterlein, Edelsteinchen genannt, auf den Schoß, und der kleine Johannes, der sie verwundert anschaute, nahte sich unbekümmert, spielte mit dem Kind, und Frau Erde gewann ihn lieb. Sie schenkte ihm eine Menge bunter Steine und führte ihn am Morgen selbst in Begleitung ihres Töchterleins an einer andern Stelle zu Tag. Die beiden Kinder umarmten sich zärtlich; Frau Erde verbot dem kleinen Johannes, von allem, was er gesehen, zu sprechen und lud ihn ein, jede Nacht, wenn die Mutter abwesend sei und sein Vater schlafe, sie wieder zu besuchen, und gab ihm eine Wurzel, mit der er nur den Stein, wo er jetzt hinaus gehe, berühren sollte, dann würde er sogleich wieder hereinkönnen.

Mein Söhnlein Johannes sagte uns kein Wort davon und ging wohl bis in sein sechzehntes Jahr alle Monate, wenn ich abwesend war, zu Frau Erde und ihrer Tochter zu Besuch. Als ihn aber Damon, sein Vater, einst bei einem großen Kasten voll Edelsteine sitzend fand und ihn erstaunt fragte, wo er alles dies her habe, wollte er es ihm nicht sagen, und als ich abends zu meinem Damon kam, fragte ich den Jüngling selbst aus. Aber auch mir verschwieg er die Quelle seiner Reichtümer. Ich ließ ihn nun nicht mehr aus den Augen, und da ich ihn nachts zu jeder Stunde auf seinem Lager fand, merkte ich wohl, daß er in der Zeit meiner Abwesenheit allein zu den Edelsteinen gelangen könnte, und bat daher meinen Gemahl, ihm am Ende des Monats, wenn ich mich entfernte, zu sich in sein Bett zu nehmen und die Türen wohl zu verschließen.

Wie ich befohlen hatte, geschah's; der Mond war im letzten Viertel, ich mußte meinen Damon verlassen; er legte sich nieder zu träumen, wie er meinte, aber er war eigentlich im Himmel und hütete an meines Vaters Stelle die Sterne.

Johannes ward sehr traurig, als er zu seinem Vater ins Bett mußte und die Türen fest verschlossen waren. Er konnte nicht hinaus, er weinte und klagte; Damon aber schlief fest. So ging die erste, die zweite Nacht hin, daß er nicht zu seiner Gespielin, der Tochter der Frau Erde, konnte; in der dritten Nacht aber hörte er ein erbärmliches Wehklagen unter dem Boden der Kammer. ›Johannes! Johannes! Warum kommst du nicht zu mir?‹ rief das Fräulein Edelstein. ›Bist du tot? Fehlt dir etwas? O mein Johannes, komm zu mir!‹

Da konnte sich der Jüngling nicht mehr halten, er zerriß den seidenen Faden, mit dem ihn Damon an seinen Arm geknüpft hatte, berührte mit der Wurzel den Boden, der sich öffnete, und stieg hinab zu seiner Gespielin.

Als Damon den Faden zerrissen fühlte, ließ er die Sternenherde laufen, wie sie wollte, erwachte und folgte seinem Sohn in das Gemach der Frau Erde.

Erstaunt sah ihn die edle Frau an; sie grüßte ihn als einen werten Gast, und schnell vergaß er über ihrer Freundlichkeit, daß er unsern Sohn Johannes, der neben ihm mit Fräulein Edelstein stand, über seine unerlaubte Entfernung strafen sollte; er dachte nicht mehr an das Hüten der Sternenherde, was er überhaupt nur für einen schönen Traum hielt. Er vergnügte sich ausnehmend und spielte mit dem Affen Trismegistus Schach, der ihn immer gewinnen ließ, um sein Vertrauen zu erschmeicheln. Als er am Morgen mit Johannes nach Hause kehren wollte, bat ihn Frau Erde, doch in der folgenden Nacht ja wieder zu kommen. Er versprach es, wenn er nur vermöge, sich des Schlafes zu enthalten, wobei er immer träume, eine wunderschöne Herde von glänzenden Lämmern zu hüten. ›Ach ja, ich kann mir's denken‹, sagte Frau Erde, ›aber so Ihr kommt, seid Ihr willkommen.‹ Der Affe Trismegistus begleitete ihn zur Türe und sagte, indem er ihm von unten auf über den Rücken strich: ›Mein teurer Freund, schlaft bei Tag und kommt morgen wieder.‹

Damon, nach Hause gekehrt, sank auf sein Lager und träumte lauter herrliche Dinge aus der Erde, und kam nicht, des Mondes Herde zu hüten. Am folgenden Abend stieg er mit seinem Sohne abermals in die Gemächer der Frau Erde hinab und spielte mit dem schalkhaften Affen Schach. Dieser war ein ehemaliger Spion des Cisio Janus bei dem Forstjunker Picus in der Starenhöhle gewesen und war ganz im Bunde, Damon und seine Nachkommen irre zu führen. Als er Damon einen der folgenden Morgen zurückführte, sagte er ihm:

›Wir werden wohl bald die Freude Eurer Gesellschaft entbehren, weil die Heimkehr der Frau Liebsten nahe sein dürfte, nehmt hier diesen Erdspiegel von dem Putztisch der Frau Erde, sie läßt Euch dieses Andenken durch mich überreichen; Ihr habt einen hohen Turm in Eurem Hof, wenn Ihr abends hinauf schlafen geht, stellt ihn vor euch, so werdet Ihr sehen, was Eure Freunde und selbst Eure Liebste in ihrer Abwesenheit dann eigentlich treiben.‹

Dabei hauchte der Affe über den Spiegel und fuhr kurios drüber hin, als wolle er ihn putzen, und auch

über den Rücken fuhr er Damon wieder ganz verkehrt.

Am folgenden Abend ließ Damon unsern Sohn Johannes allein zur Frau Erde hinabgehen und setzte sich selbst auf den Turm, in den trügerischen Erdspiegel zu schauen, was ich in meiner Abwesenheit treibe. Es war ihm ganz verborgen gewesen bis jetzt, daß ich das Kind einer andern Welt, die Tochter des Mondmannes sei. Er hielt mich für die Tochter eines Schäferkönigs jenseits der Berge. Nun aber sind die Schäfer bekanntlich sehr abergläubisch, ja oft zu allerlei Zauberkünsten geneigt, und der Erdspiegel macht den, der hineinschaut, allen Kräften des Mondes, denen die Kreaturen unterworfen sind, besonders untertan.

Es nahte aber mein neues Licht, da ich bald mit zwei Lichthörnchen wieder erscheinen sollte: da legt die Schlange den Balg ab, da wachsen die Haare, Klauen, Nägel und Zähne, da legen die Hirsche die Hörner ab, und sprießen neue auf ihrer Stirne. Ich hatte viel zu tun; Damon hatte in den letzten Tagen die Sternenherde im Traum nicht gehütet; ein großer und ein kleiner Bär hatten sich in ihrer Nähe sehen lassen. Eilig nahm ich Pfeil und Bogen und die Hunde meines Vaters und verjagte die wilden Tiere; ich fand auf der Jagd den Vater Mondmann schlafend, ich setzte mich auszuruhen neben ihn, schnitt ihm die Nägel und Haare, seifte ihn ein und rasierte ihn;

dann machte ich seine Laterne zurecht, weil sie bald wieder angezündet werden sollte, ich scheuerte den Ruß ab, schneuzte den Docht mit den Fingern und füllte frisches Öl auf; jetzt aber begab ich mich mit euch, meinen Mägdlein, wie ihr wißt, in den Spiegel des Lichtsees, um den Ruß und Ölgeruch von mir abzuwaschen, und dann wieder blank und klar zu dem undankbaren Damon zurückzukehren. Ihr wißt, wer in dem Lichtsee badet, sieht alles, was auf Erden geschieht, und wer in den Lichtsee sieht, sieht sich auch selbst und erscheint sich dem Einfluß des Mondes unterworfen.

Damon sah mich im Bad, und ich sah ihn, als gucke er neugierig durch eine Hecke; da schrie ich und ihr alle über den frechen Sterblichen, und ich schleuderte Wasser nach ihm; da fühlte er sich allem tierischen Einfluß des Mondes unterworfen: er glaubte, daß er Hörner kriege wie die Hirsche, er glaubte, daß meine Hunde ihn jagten, und erwachend eilte er unter heftigen Schmähungen gegen mich von dem Turm herab in den Wald. Aber ihn verfolgten keine Hunde, ihn verfolgte das böse Gewissen.

Schon war er fliehend an einen Eingang der Wohnung der Frau Erde gekommen, als er mich Ärmste bleich und schwach von Anstrengung und Schrekken vor sich stehen sah; ich wollte ihn wie sonst immer freundlich in meine Arme schließen und ihn dann mit einer ruhigen Ermahnung verlassen; aber der Unglückliche stieß mich zurück und rief aus: ›Weich von mir, du heuchlerische Zauberin, Nachtjägerin, Waldbuhlerin! Ich glaubte einer Hirtin und keiner Waldteufelin vermählt zu sein!‹

Da rief ich aus: ›Weh, mein Sohn, mein Sohn Johannes! Ich scheide ewig von dir, treuloser Damon! Gehe hin zur Erde, dein Bart halte dich dort fest, bis ich ihn dir wieder löse.‹ – Da stürzte Damon, die Springwurzel gegen den Felsen stoßend, so heftig in den Berg, und der Affe warf ein großes Faß voll Schatten gegen mich um, das da stand, damit ich nicht hereinkommen sollte, und es entstand eine Mondfinsternis; sie ergoß sich über das Antlitz meines Vaters, des Mondmannes, der, mit Schrecken erwacht, seine zerstreute Herde zusammensuchte.

Verwundert und bestürzt lief Damon hinab zur Frau Erde, um sie um Rat zu fragen; sie schwatzte ihm allerlei vor, und indes er ihr zuhörte, wuchs ihm der Bart durch den goldenen Tisch, und er konnte nicht mehr herauf. Da er immer lamentierte und klagte und weinte und Frau Erde ihn nicht losmachen konnte, verließ sie ihre Kammer und ließ ihn allein sitzen, und hat ihn nachmals sein Sohn Johannes dann und wann besucht. Ihr habt den Treulosen selbst heut nach vierhundert Jahren dasitzen sehen, ihr habt gesehen, wie ich ihm neulich den Bart gelöst und ihn begraben. Weinend durchirrte ich noch einmal alle Gemächer der Starenburg und zog mich in tiefer Betrübnis hier auf die Insel in die Höhle zurück, wo ich den Bund mit Damon geschworen hatte.

Als ich an den Stein trat, worauf er das wunderbare Starenei zerschlagen, trat der Geist der Frau Aglaster als dieselbe weiße Frau mir entgegen, die ich an der Wiege meines kleinen Johannes hatte singen hören. Sie hatte die Schalen des Schicksaleies in der Hand und sagte mit traurigem Ernste zu mir:

›Er bleibt vom Mondenschein behext,
Daß durch den Tisch der Bart ihm wächst.
Hört meinen letzten Spruch:
Mondschäfer, euren Stamm
Ich jetzt mit ernstem Fluch
Zur Starenart verdamm,
Bis einst ein später Erbe
Als Star wie ich freiwillig sterbe!‹

Hierauf seufzte sie und verschwand.

Diese Worte machten mich schaudern, und ich wollte eben aus der Höhle fliehen, als ich ein unheimliches Schnurren hörte. Ich sah mich um, da sah ich den großen Kater, in welchen ich Cisio Janus verwandelt hatte, mich mit glühenden Augen anblicken und einen großen Buckel gegen mich machen.

›Hinweg!‹ schrie ich, ›auch du willst mein Leid verhöhnen‹, und eilte bestürzt zu meinem Vater, dem

Mondmann; der tröstete mich und söhnte mich auch mit seiner Frau Mutter aus, welche mir hierauf euch, liebe Fräulein, zu Gespielinnen gab. Nun wißt ihr, warum ich damals immer so traurig war.«

Die Gespielinnen der Frau Mondenschein hörten dieser Erzählung ihrer lieben Herrin ganz still zu, und auch ich verlor kein Wörtchen. Nun aber begann sie wieder zu tanzen und zu reihen, und da ich mich weit vorlehnte, um den schönen Tanz der Stammutter meines Hauses besser zu betrachten, lastete ich zu sehr auf der Schwäche des Astes, der mich trug, und er brach samt mir mit großem Geräusch herab, worüber die Elfen erschrocken die Flucht nahmen.

Schüchtern ging ich an die Stelle, wo sie getanzt hatten, und nahm den Schleier, den Altweibersommer gewebt hatte, zu mir; denn die Frau Mondenschein hatte ihn in eiliger Flucht liegen gelassen, und er soll nun der Hochzeitsschleier meiner lieben Ameleya werden, wenn ich sie erst wieder habe.

So erfuhr ich den ersten Ursprung meines Stammhauses und die Geschichte des Mondenhirten Damon, den ich am Tische mit dem Barte angewachsen und nachmals in seinem schönen Grabe gesehen.

Aber schon graute der Tag, die Schwalbe schweifte mit ihrer silberweißen Brust über den Spiegel des Sees, der Morgenstern funkelte fröhlich über den Hügel, und meine Rosse begrüßten ihn wiehernd am jenseitigen Ufer. Ich wickelte den Schleier dicht zusammen, band mir ihn auf den Kopf in meine Lokken fest, damit er nicht naß werden möge, und stürzte mich mit ausgebreiteten Armen in den See, dessen jenseitiges Ufer ich bald erreichte.

Schnell kleidete ich mich an, schwang mich auf mein Roß, so taten auch meine zwölf Begleiter, und sinnend über alles, was ich gesehen, legten wir in mäßigem Schritt eine Tagesreise zurück.

Am Abend gelangten wir in eine wilde Gebirgsgegend, und ich gebot meinen Begleitern, auf einem schönen grünen Eichenplatz unser Nachtlager aufzuschlagen. Während sie damit beschäftigt waren, schritt ich in Gedanken etwas höher im Gebüsch, um in die dämmernde Landschaft zu schauen, als mir plötzlich in einem Hohlweg ein feiner, ehrbarer alter Bauersmann entgegenschritt. Er war mit einem grauen Rock bekleidet, auf dem Hut hatte er eine schwarze Binde, am Hals ein weißes Feldzeichen, einen gelben Riemen um den Leib geschnallt und rote Stiefel an seinen Füßen; in seiner Hand trug er zwei Lilienblumen, auf einem Stiele gewachsen, die er sehr ernsthaft betrachtete, denn sie waren sehr schön und glänzend, die eine rot, die andere weiß, und gaben einen süßen Geruch von sich; in der andern Hand aber trug er eine Haselrute. Als ich ihm nahe gekommen war, stand er plötzlich still. Ich sah, daß die beiden Blumen ihre Kelche auftaten und sich gegen mich wendeten und die Haselrute sich zukkend bewegte.

»Guten Abend, Vater!« sagte ich; er aber sprach hastig zu mir: »Willkommen, willkommen, vieltausendmal willkommen! Endlich hab ich dich gefunden; jetzt mußt du mir gleich den gelben Riemen aufschnallen und den grauen Rock ausziehen, und die roten Stiefel, der graue Hut, alles muß herunter; du bist es, du kannst es.«

Ich war höchlich erschrocken über den Alten und glaubte, er sei wahnsinnig und könne mir Leides antun, darum wollte ich fliehen; er aber trat mir in den Weg und sagte: »So haben wir nicht gewettet, nur munter, schnalle den Riemen auf.« Dazu hatte ich nun keine Lust und zog mein Schwert gegen ihn. Er berührte dieses aber mit der roten Lilie, und sieh, es schmolz mir glühend nieder bis ans Heft, worüber ich sehr erschrak. »Sieh«, sagte er, »das hättest du dir ersparen können; ich habe nicht umsonst so lange auf dich gewartet; munter den Riemen aufgeschnallt!« –

»Kannst du denn das nicht selber?« sagte ich. »Nein«, sprach er, »sonst brauchte ich dich nicht dazu.« Ich mochte nun wollen oder nicht, ich mußte mich dran machen, ihn auszuziehen. Mit leichter Mühe schnallte ich den Riemen auf, zog ihm den Kittel aus; aber wie erstaunte ich nicht, da ich ihn darunter ganz mit Gold und Edelsteinen geharnischt sah. Die roten Stiefel mußten auch herunter, der graue Hut, alles lag am Boden, und er stand vor mir wie ein funkelnder Götze. Sein ganzes Wesen war prächtig und herrisch. Eitel trat er etwas höher auf einen Stein und sprach: »Nun, mein Vortrefflichster, wie gefalle ich dir? Hier, nimm den Haselstecken zum Lohn, er öffnet dir alle Felsen und geheimen Schätze; ich brauche die saure Arbeit nun nicht mehr, denn hier ruht der Stein der Weisen; Gold kann ich machen, ewiges Leben kann ich geben«, – und mit diesen Worten schlug er mit geballter Faust wider seinen Brustharnisch, daß es rasselte. »Lebe wohl, du hast das Glück gesehen«, und somit wendete er sich und ging eilends den Berg hinan.

Aber wie ward mir angst und bange, als ich sah, daß ihm der graue Rock, der grüne Hut und die roten Stiefel eiligst nachliefen. Der ganze Kerl hatte mir etwas Schreckliches, Fatales und doch wieder Lächerliches. Froh, so leicht davongekommen zu sein, nahm ich auch meinen Weg zurück; aber ich mochte gehen, wie ich wollte, ich konnte mich in den

wilden Wegen nicht mehr zurechtfinden und entschloß mich endlich, da ich einen heimlichen Waldwinkel fand, hier den Tag abzuwarten. Ich setzte mich nieder, und um mein Haupt bequemer an einen Fels anzulegen, wollte ich einige Kräuter, die auf ihm wuchsen, mit der Haselrute des Alten, die ich noch immer in Händen trug, herunterschlagen; kaum aber berührte ich den Stein mit der Haselrute, als er sich auftat und mir ein wunderbares Schauspiel zeigte. Ich sah tief hinab wie in einen Keller; da liefen eine Menge grauer Männchen und Weibchen herum und schleppten allerlei Kisten und Kasten und Körbe und stellten sie in Ordnung, gerade als wenn man in eine neue Wohnung gezogen ist und nun einräumt. Was sie aber trugen, war lauter Silber und Gold und Edelstein, und schien das da unten gemeiner als bei uns die irdenen Töpfe. Wenn sie ein wenig langsamer gingen, kam gleich ein alter Mann in einem blauen Rock und schrie:

»Eilet, eilet, nicht verweilet,
Alles reinlich eingeteilet,
Hübsch nach dem Gewicht geleget,
Daß sich ja nichts wegbeweget;
Schweres unten, Leichtes oben,
Daß die Ordnung sei zu loben,
Wert nach innen, Glanz nach außen,
Machet nicht so lange Pausen.«

Auf diese Worte liefen sie viel schneller und hatten bald alles in der schönsten Ordnung, nun aber sagte der Alte:

»Und jetzt hauet eine Stufe,
Daß sich bildet eine Kufe,
Wo die Fräulein Edelstein
Mit den sieben Jungferlein
Sich bequemlich können pflegen,
Wenn sie in das Bad sich legen.«

Darauf ging es an ein Gepicke und Gehacke und Gebohre, mit Meißeln, Schlägeln, Keilen und Bohrern; aber alles im Takte, daß es eine artige Musik war. In wenigen Minuten hatten sie ein tiefes Bad mit mehreren Stufen abwärts rein und glatt in den Boden des Gewölbes gehauen. Als sie fertig waren, rafften sie ihr Arbeitsgerät zusammen und verschwanden mit dem Alten in der Wand des Felsens.

Nach einer kleinen Weile trat Frau Edelstein mit ihren sieben Fräulein ein, wie ich sie gesehen hatte in jenem Gewölbe hinter dem Stuhle des Grubenhansel stehen. Sie sah sehr betrübt aus und sprach:

»Mägdlein, lasset mir zum Bade
Nur die frische Quelle los,
Daß ich mich des Staubs entlade
In der neuen Heimat Schoß;

Eine kämmet mir die Haare,
Eine salbt und eine schminkt,
Bis der Schmerz so vieler Jahre
In dem guten Bad ertrinkt.

Eine soll den Spiegel halten,
Eine trocknet mir den Leib,
Jede muß ihr Amt verwalten,
Singt dazu zum Zeitvertreib.«

Kobold:
»Aber was soll ich denn machen?
Ha, ha, ha!«

Frau Edelstein:
»Was du immer tuest: lachen.«

Kobold:
»Ha, ha, ha! Ich lache ja.«

Nun öffnete Fräulein Quecksilber eine Röhre, und es stürzte ein heller Strom von Quecksilber in die Kufe bis zum Rand, wozu sie sang:

»Rüstig, lustig stürze nieder,
Ohne Ruhe, ohne Rast,
Um der Herrin helle Glieder
Schmiege dich, du blanke Last,

Kecke Quelle, kalt und helle,
Feuerflüchtig und durchsichtig,
Schwer und schnelle, feste Welle
Nun ist's richtig, 's Bad ist tüchtig.«

Kobold:
»Potz Merkurius, wie lustig,
Ja das wußt ich,
Und ich lache
Zu der Sache
Ha, ha, ha!

Frau Edelstein wälzte sich in dem Bad hin und her, und als sie glaubte, daß es genug sei, kam Fräulein Asbest und trocknete sie ab mit folgenden Worten:

»Mit dem Tüchlein klar gesponnen,
Fein gewebt in Staarenberg,
Weiß gebleicht an Phosphor-Sonnen
Von dem klugen Meister Zwerg;

Ich dich reibe, daß dir bleibe
Auch kein Schmitzchen oder Ritzchen
Dir am Leibe, ich vertreibe
Jedes Spitzchen, jedes Kritzchen.

Kobold:
»Ei, Potz Blitzchen!

Wer gern tanzt, dem ist gut geigen
Und was weiß, ist leicht zu bleichen,
Leicht zu trocknen, was nicht naß ist,
Leicht zu lachen, was ein Spaß ist.
Ha! ha! ha!«

Als Frau Edelstein abgetrocknet war, stellte sie sich auf einen goldnen Stuhl, und Fräulein Naphta salbte sie über und über, wozu sie sang:

Naphta:
»In der heimlichsten der Grüfte
Kocht die Salb ein Feuergeist,
Und ich salb dir Fuß und Hüfte,
Daß dich heiße Glut durchreißt.

Wie es feuert, rasch gescheuert!
Mich entzückst du, Blitze schickst du,
Sei beteuert, glanzerneuert,
Funkelnd blickst du, dich erquickst du.«

Kobold:
»Mich erquickst du,
Denn zu deinen Heucheleien
Und zu deinen Schmeicheleien,
Die den Demant nicht polieren,
Ihn mit Eitelkeit foliieren,
Muß ich lachen, ha, ha, ha!«

Frau Edelstein schimmerte nun sehr schön, sie setzte sich auf den goldnen Schemel, und Fräulein Spießglanz kämmte ihr die Locken mit ihren spitzen glänzenden Fingern, wozu sie sang:

Spießglanz:
»Deine Locken ich durchstreife
Mit der Link und Rechten hier,
Glänzend wie Kometenschweife
Drehe ich die Flechten dir.
Sieh, ich schlinge helle Ringe,
Goldne Flöckchen, lichte Löckchen,
Und nun springe, lustig klinge
Wie ein Glöckchen, schönes Döckchen!«

Kobold:
»Ei, du Glöckchen!
Ei, du zierlich Spinneröckchen!
Schlittenpferd und Kinderrassel
Machen immer solch Geprassel
Als du mit der Schellenkappe,
Daß dich nur kein Narr ertappe,
Ich muß lachen, ha, ha, ha!«

Wenngleich Fräulein Kobold ein wenig anzügliche giftige Bemerkungen machte, so hatte sie doch nicht ganz unrecht mit ihrem Lachen; denn Spießglanz hatte die Goldhaare der Frau Edelstein in tausend Schneckenhäuser, Korkzieher, Hobelspäne, Schlangen, Haken und Spirallinien gedreht, und wenn sie sich bewegte, gab ihr Haupt ein wunderbares Geräusch von sich. Nun aber trat Fräulein Zinnober herbei und schminkte die Frau Edelstein.

Zinnober:
»Wie die Purpurrosen prangen
Neben weißer Lilien Schnee,
Schminke ich dir deine Wangen,
Die gebleicht von tiefem Weh.

Wie die spröden, scheuen, blöden,
Keuschen Frauen niederschauen

Mit Erröten, wenn's vonnöten,
Kannst du schauen voll Vertrauen.«

Kobold:
»Selbst die schlauen,
Scham und Zucht entwöhnten Frauen,
Die es zahlen, kannst du malen,
Daß sie mit der Unschuld prahlen,
Leicht ist's, einen rot zu machen!
Ich muß lachen, ha, ha, ha!«

Nun wollte Frau Edelstein aber auch sehen, wie sie aussehe, und Fräulein Marienglas hielt ihr den Spiegel vor, daß sie sich von oben bis unten betrachten könne. Fräulein Marienglas sang dazu:

»Spiegle dich, du liebe Holde,
Wie der Schwan zum blanken See
Niederschaut im Abendgolde,
Ob er nicht sein Sternbild seh.

Schöne Frauen im Beschauen
Sich erquicken mit Entzücken,
Wie die Pfauen auf den Auen
Sich erblicken, schöner schmücken.«

Kobold:
»O ihr Pfauen,

Glanzgerüstet, goldgebrüstet,
Wollt auf eure Füße schauen,
Pfui der rauhen schwarzen Klauen!
Garst'ge Stimme, o wie schlimme!
Ich lob mir die Nachtigall:
Schlechtes Röcklein, süßer Schall,
Guter Name, Ehrendame,
Ich muß lachen über all dies Schönermachen,
Ha, ha, ha!«

»Du hast wohl recht, Koboldchen«, sagte Frau Edelstein, »all dieser Putz ist leerer Tand; aber ich mußte doch wieder einmal dran denken, mich wieder zu erneuern, und es ist mehr aus tiefer Traurigkeit als aus Freude, daß ich mich so schmücke; denn wisset, vor mehreren hundert Jahren habe ich in ähnlichem Schmuck hier gesessen, und ich beziehe dieses Haus zur Erinnerung. Kommt, setzt euch, daß ich euch erzähle, was mir geschehen ist.« Nun setzten sich die Jungfrauen rings um das spiegelnde Bad auf die Stufen, und Frau Edelstein erzählte wie folgt »Als ich noch ein kleines Mägdelein war, lag ich nachts in Staarenberg in einer kristallenen Wiege, die abgesondert von der Wohnung der Frau Erde, meiner Mutter, in einem einsamen Gewölbe stand. Einstens um Mitternacht, als ich über einem Märchen meiner Wärterinnen entschlief, tat es einen gewaltigen Krach, als wenn das Gewölbe einstürzte, zugleich wehte mich kalte Luft an, und da ich hievon erwachte, sah ich die Wand des Felsens niedergestürzt und hatte den wunderbaren Anblick des gestirnten Himmels. Meine Wärterinnen waren entflohen, und erschreckt von dem nie gesehenen Glanz der Sterne, wollte ich eben anfangen zu weinen, als ein schöner blonder Knabe an meine Wiege trat, mich liebkoste und wieder einwiegen wollte. Sein Anblick machte mir unbeschreibliche Freude; denn ich hatte bisher kein anderes Kind gesehen, und wie schrie und weinte ich, als meine Wärterinnen nun zurückkehrten und mich mit der Wiege nach der Stube meiner Mutter trugen; aber bald war ich getröstet, als ich sah, daß der Knabe auch in die Stube trat. Er sagte meiner Mutter auf ihre Frage, daß er Johannes, des Fürsten von Staarenberg Söhnlein sei, und sie gewann ihn lieb, schenkte ihm Edelsteine und lud ihn ein, uns alle Nacht zu besuchen, wenn seine Mutter abwesend sei und sein Vater schlafe.

Dies geschah alle Monate einige Nächte lang, und er stellte sich immer richtig ein; denn die Mutter hatte ihm eine Springwurzel geschenkt, mit der er alle Felsen öffnen konnte. So wuchsen wir wie Geschwister miteinander heran. Johannes war ein Kind in unserm Berg, er sah alle Arbeiten der Berggeister mit an und hatte eine besondere Liebe zu dem Geschäft. Vor allem aber hatte er eine große Freude zu den Possen eines Affen, den meine Mutter hatte und der gewöhnlich mit ihr Schach spielte. Er hieß Trismegistus und war ein tiefsinniger, wunderlicher Gesell. Er machte alles nach, was er die Berggeister machen sah, und war dann sehr verdrießlich, wenn wir ihn alle auslachten, daß er immer verkehrtes Zeug herauskriegte. Dieser Affe war anfangs sehr neidisch auf den kleinen Johannes, weil er sah, daß ich lieber mit diesem spielte als mit ihm; nachher aber ging er meinem jüngeren Freunde überall nach und schmeichelte ihm und diente ihm mit allerhand Handreichung, wenn der kleine Johannes spielend mit den Berggeistern arbeitete.

So lebte ich in kindlicher Lust wohl sechzehn Jahre mit Johannes, als er plötzlich ausblieb; ich konnte mir die Ursache nicht denken und war in größter Angst; ich zog durch alle Gegenden unter der Oberfläche des Berges hin und rief ihn mit den zärtlichsten Namen; er kam nicht.

Die folgende Nacht ging es mir ebenso, in der dritten endlich gelang es mir, die Gegend des Berges zu finden, über der sein Schlafgemach war. Er hörte mein Weinen und Klagen; die Decke öffnete sich und er eilte in meine Arme; indem wir nach der Kammer meiner Mutter liefen, so erzählte er mir, daß sein Vater die vielen Edelsteine, die er von uns erhalten, gefunden und ihn sehr gedrängt habe, zu sagen, wie er zu solchen Schätzen gelangt sei, und daß er ihn, da er es seinem Versprechen gemäß verschwiegen, nachts, auf den Rat seiner Mutter, in sein Bett genommen und mit einem seidenen Faden an seinem Arm gebunden habe, er aber auf mein Angstgeschrei denselben zerrissen und so zu mir gelangt sei.

Kaum waren wir in die Kammer meiner Mutter gelangt, so trat sein Vater auch hinter uns ein und wollte ihn eben tüchtig auszanken; aber meine Mutter fiel ihm in die Rede, der Affe Trismegistus machte ihm tausend Kratzfüße, und er fand sich durch den Glanz der Edelsteine und besonders durch das Schachbrett meiner Mutter, worauf alle Figuren lebendig waren, so zerstreut und hingerissen, daß er dem kleinen Johannes nicht nur verzieh, sondern sich bei uns auch sehr wohl gefiel.

Er unterhielt sich die ganze Nacht mit meiner Mutter und Trismegistus und verließ uns erst am Morgen, die folgende Nacht kam er wieder und öfters.

Einstens, da meine Mutter krank war, unterhielt er sich mit dem Affen allein, der setzte ihm allerlei böse Grillen in den Kopf über die Gewohnheit der Frau Mondenschein, ihn monatlich einige Zeit zu verlassen, und gab ihm ein wunderliches Glas, wodurch er

sie belauschen könne. Er ging mit dem Glase unruhig, früher als gewöhnlich, von uns. Nun erwartete ich in der folgenden Nacht ihn und Johannes nicht, der Mond schien wieder, und da kamen sie nie. Aber siehe da, da kamen sie beide, und der Vater war in großer Unruhe; er setzte sich zu meiner Mutter an den Tisch und klagte ihr sein Unglück, daß ihn seine Gattin seiner verbotenen Neugierde wegen verlassen und verflucht habe.

Der Besuch war meiner Mutter nicht ganz gelegen, denn sie war eben mit ihren geheimsten Arbeiten beschäftigt; sie ließ einen goldnen Tisch wachsen; nun bat sie zwar den unglücklichen Herrn, sich nicht drauf zu legen, aber in seinem großen Kummer vergaß er es und sein Bart streifte auf den Tisch, und wuchs ihm hinein, so daß er nicht mehr aufstehen konnte.

Meine Mutter verwies ihm nun ernstlich seine Neugierde und sagte ihm, daß es außer ihrer Macht stehe, ihm zu helfen; sie legte ihm ein Buch vor, in dem er las und heftig dabei weinte; endlich brach er in folgende Worte aus: ›Frau Erde! Ich fühle wohl, Ihr könnt mir nicht helfen; ich muß hier sitzen, bis der Fluch der Frau Aglaster und der Großmutter meiner Frau erfüllt ist. Nun aber rufet mir meinen Sohn Johannes, daß ich ihm die Regierung meines Volkes übergebe.‹ Johannes ward gerufen, er hörte das Unglück seines Vaters, er übernahm die Regierung, meine Mutter nahm ihm die Springwurzel, sie sagte ihm, nie mehr solle er uns sehen, denn sie sehe wohl, daß aus der Gemeinschaft der Geister mit den Menschen nur Treulosigkeit und Unglück erfolge. Meine und seine Bitten halfen nichts, ich mußte ihn lassen; eine Menge unbarmherziger Kobolde faßten ihn und führten ihn mit Gewalt an die Oberfläche der Erde.

Meine Trauer, meine Weheklagen halfen nichts, meine Mutter war unerbittlich und nahm sich vor, diesen Aufenthalt zu verlassen. Ehe wir aber abreisten, wollte sie den vorwitzigen Affen Trismegistus noch bestrafen; man suchte ihn überall und konnte ihn lange nicht finden. Endlich, da meine Mutter in der geheimsten Kammer aufräumen wollte, wo sie das Gold machte und den Stein der Weisen liegen hatte, fand sie den Schelm ganz von oben bis unten vergoldet. Er war ihr über die Tiegel geraten und hatte sich so mit der Tinktur angestrichen. Erzürnt über ihn, sprach sie: ›Warte, du sollst deines falschen Schimmers niemals genießen, du unglückstiftender Verräter!‹ und somit zog sie ihm einen grauen Rock an, schnallte ihm einen gelben Riemen um und setzte ihm einen grauen Hut auf, zog ihm rote Stiefel an und sagte: ›So sollst du nun den gefangenen Mondenhirten bedienen, den du durch deine Schwätzerei ins Unglück gebracht, bis er einstens auf der Erde im schönen Grabe ruht; keiner soll dir den Gürtel lösen können als der, der alle diese Schicksale löst, und ewig sollst du grübeln, forschen und nachäffen und nie das Gold sehen, das dir doch näher ist als das Hemd!‹ – Somit schleppte sie ihn zu dem festgewachsenen Mondenschläfer, legte ihn an eine Kette, setzte das Schachbrett zwischen beide, schloß den Berg zu und zog mit mir und allen den Ihrigen hierher in diesen Berg.

Johannes, der nun die Staarenberger regierte, hatte mich so wenig vergessen als ich ihn. Das erste, was er tat, war, daß er sein ganzes Volk nach und nach zu Bergleuten verwandelte; er hatte vieles bei uns gelernt, und nun zog er Schächte und Gruben, wohl an die neun Jahre lang, in dem Berge hin und her. Aber alles war fruchtlos, da wir nicht mehr da wohnten.

Endlich wollten seine Leute nicht mehr arbeiten, denn der Berg war schon so untergraben, daß sie fürchteten, er möge einstürzen. Zornig verließen sie ihn mit der Versicherung, nicht mehr zu arbeiten, an einem Abend, und er blieb mit seinem Grubenlicht, Fäustel und Schlegel allein in dem Stollen.

Ängstlich durchirrte er alle die vielen Gänge, die er seit zehn Jahren hatte bauen lassen, und legte sich eben traurig an eine Felsenwand nieder, um zu schlafen.

Kaum war er entschlummert, als er ein Kettengerassel hörte, er wachte auf und lauschte. Sieh, da klang es hinter ihm an der Wand; mutig fing er an zu arbeiten, und je tiefer er drang, je lauter rasselte es;

laut schrie er den Bergmannsruf aus: ›Glückauf! Glückauf!‹ Und ›Glückauf!‹ antwortete es ihm; noch wenige Minuten gearbeitet, und er fand in dem Gewölbe seinen Vater. Aber der sah ihn mit großen Augen an und lachte nicht und sagte kein Wort, wie ein Lebendigbegrabener.

Johannes gab sich alle Mühe, ihn mit seinen Liebkosungen zu ermuntern; aber er blieb still und erstarrt und sah immer auf das Schachbrett, als sinne er über einen Zug.

Vor ihm saß Trismegistus und hatte die größte Freude über die Erscheinung des Johannes. ›Geschwind‹, sagte er, ›mach mir meine Kette los und lasse mich aus diesem langweiligen Loch heraus; der

alte Herr spielt so langsam, er tut alle Jahre einen Zug, helfen kannst du ihm nicht; wenn ich übers Jahr komme und ihm einen andern Zug tue, ist es gerade hinreichend Gesellschaft für ihn; schnell, führe mich hinweg, ich will dir auch bald auskundschaften, wo Fräulein Edelstein, deine Liebste, ist.‹ Johannes ließ sich von ihm verführen, er machte die Kette des Affen los, küßte seinen Vater, der es aber gar nicht zu bemerken schien, und verließ mit Trismegistus, der immer noch das graue Habit anhatte, die Gruft.

Als sie in der Stube des Johannes angekommen waren, sagte dieser: ›Nun, Trismegistus, halte Wort und sage mir, wie ich zu meiner Liebsten, der Fräulein Edelstein komme.‹ – ›Ja‹, sagte Trismegistus, ›aber du mußt mir vorher noch versprechen, mich hier auf deinem Schloß sicher und verborgen zu halten und mich zu ernähren, und daß du mir niemals zumutest, einen Schritt tiefer als die Oberfläche der Erde zu gehen, damit mir die Mutter deiner Liebsten nichts anhaben kann; denn hier oben kann sie mir nichts tun. Lasse mir daher einen Turm bauen, auf dem oben ein Gewölbe und ein guter Rauchfang ist, da will ich für mich und dich die Planeten observieren und allerlei chemische Laborationen vornehmen und mir die Zeit damit vertreiben. Wenn ich es nur so weit bringe, den grauen Rock loszuwerden, so solltest du sehen, daß ich leuchte wie Gold; die Frau Erde ist nicht umsonst so zornig auf mich, ich habe ihr die besten Stückchen abgelernt.‹ – Schnell ließ Johannes, der wegen seinem vielen Graben von seinem Volk der Grubenhansel genannt wurde, auf einem abgelegenen hohen Wartturm des Schlosses einen Rauchfang bauen und ihm alles einrichten, wie er es wollte, und als Trismegistus schon oben wohnte, drang er nun in ihn, ihm die Mittel zu lehren, wie er zu mir gelangen könne. Worauf ihm der Affe sagte: ›Bester Grubenhansel, heute will ich es dir sagen, früher hätte es dich nichts genützt, denn heute nacht um zwölf Uhr muß die Wünschelrute geschnitten werden; gehe hinab an den See, dort wirst du eine Weide finden, von welcher du dir eine kleine Rute schneidest; diese Rute in der Hand gehe so lange nach Norden, bis die Rute niederschlägt, dann wirst du nicht lange ohne dein Liebchen sein.‹ Johannes tat nach seinen Worten: er schnitt die Rute, er hielt sie vor sich und reiste bis hierher. Da schlug die Rute nieder, der Fels öffnete sich, und er sah mich hier auf dieser Stelle so sitzen und weinen, wie ich jetzt hier sitze. Er rief meinen Namen aus, ich sah ihn, und wir umarmten uns mit unendlicher Freude. Nun war es gerade um Weihnachten, wo meine Mutter die Wache bei dem Stein der Weisen hielt, weil um diese Zeit alle goldgierigen Menschen nach diesem Schatze trachten. Wir waren also sicher, nicht überrascht zu werden. Aber der Morgen brach an und wir hatten in der Dunkelheit der Grube ihn nicht bemerkt; meine Mutter trat herein und fand uns beisammen.

Anfangs war sie heftig erzürnt; aber unser Bitten versöhnte sie, und sie gab mir endlich den Grubenhansel zum Gemahl mit der Bedingung, daß ich immer den siebenten Tag der Woche zu ihr kommen sollte und daß er mir dann niemals folgen sollte noch mich fragen, was ich zu verrichten hätte. Er versprach es, und ich folgte ihm in den Staarenberg zurück, wo ich ihn immer am Sonnabend verließ und zu meiner Mutter ging, sonntags aber wiederkam.

So lebten wir einige Jahre, und ich gebar ihm einen Sohn, den wir Veit nannten. Trismegistus ließ sich nicht vor mir sehen und saß immer auf seinem Turm und destillierte. Mein Gemahl verriet ihn auch nicht, und wenn ich ihn fragte, was denn das für ein immerwährender Rauch sei, der oben aus dem Turme herausstieg, sagte er nur: ›Dieser Turm ist's, von welchem mein Vater nach meiner Mutter, Frau Mondenschein, geschaut hat, und weil ich in meiner heimlichen Liebe zu dir die erste Ursache seines Verbrechens war, so lasse ich jetzt einen ewigen Rauch auf dem Turme aufsteigen, ein Opfer, um meine Frau Mutter zu versöhnen, ich räuchere mit lauter Edelsteinen, dieselben, die du mir früher geschenkt.‹

Aber Johannes betrog mich, denn in den Nächten, da ich abwesend war, ging er immer selbst auf den

Turm hinauf, mit dem Affen zu laborieren; sie suchten den Stein der Weisen, welcher ewiges Leben gibt und alles in Gold verwandelt. Der Affe hatte meiner Mutter allerlei Kunstgriffe abgelernt, die er nun ohne Verstand und Zusammenhang auf alle mögliche Weise hintereinander folgen ließ, nur nie auf die rechte. Seine Hauptbemühung war immer, den grauen Rock und die Stiefel herunterzukriegen; aber er konnte es nie zustande bringen; er versuchte es wohl hundertmal, sein Habit zu vergolden; kaum hatte er sich mit dem Metall überzogen, als alles wie vorher grau und trübe wurde.

Schon war alles Gold des Schlosses zum Schornstein hinausgeflogen, und soviel ich dessen auch brachte, nie reichte es hin, und doch erfuhr ich nie, wo es hinkam. Mein Sohn Veit, der seinen Vater immer um Gold fragen hörte, schleppte nun alles an, was blinkte, aber immer lachte ihn der Vater aus; doch ließ sich der Knabe nicht irre machen und hatte eine große Leidenschaft zu wissen, was der Vater mit all dem Golde anfange. ›Vater‹, sprach er, ›was ist denn Gold?‹ – ›Es ist ein köstliches Metall‹, sagte Grubenhansel; in demselben Augenblick fuhr der kleine Veit, der sehr naschhaft war, mit einigen Goldkörnern, die auf dem Tische lagen, in den Mund. Grubenhansel, in der Angst, er möge daran erstikken, öffnete ihm den Mund mit Gewalt, und erblickte zu seiner größten Verwunderung einen gold-

nen blinkenden Zahn in seines Söhnleins Mund. Es war gerade zur Zeit meiner Abwesenheit. Grubenhansel entdeckte seinen wunderbaren Fund dem Affen Trismegistus, und dieser geriet darüber in die ausgelassenste Freude. ›Geschwind bringet euren Veit herauf‹, sagte er, ›er hat, was ich ewig suche, was uns allen hilft: animalisches Gold.‹

Veit war eben einem schönen Pfau nachgeklettert, der ihn mit seinem goldschimmernden Hals reizte, und da die Sonne unterging, war dieser Vogel nach seiner Gewohnheit auf ein Dach geflogen, um ihr nachzuschreien. Eine kühle Luft erhob sich und spielte in den Federn des Vogels; schimmernde Tauben durchschnitten die Luft und goldne Fische sprangen aus dem See, dem kühlen Abendwinde entgegen; ganz ungemein glückselig fühlte sich der kleine Veit neben seinem Pfau auf dem Dache; aber so oft er die Hand ausstreckte, dem Vogel eine Feder zu entreißen, flog dieser auf einen höhern Punkt und Veit folgte immer weiter, bis endlich der Vogel in den Wald flog und seinen gierigen Blicken entschwand.

Veit saß nun so hoch oben, daß er schwer herunter

konnte; aber es war ihm ganz wohl, und er hatte die größte Lust, oben zu bleiben, als er die Stimme seines Vaters im Hofe hörte. Er besann sich nicht lange, rutschte auf den Dächern nieder, lief wie eine Katze in den Dachrinnen, schwang sich von Giebel zu Giebel und sprang endlich heil und gesund vor den Füßen seines erschrockenen Vaters zu Boden.

Dieser nahm ihn verwundert über seine Geschicklichkeit mit sich auf den Turm, wo ihm der Knabe gern folgte, weil er die Höhen liebte. Kaum hatte ihn der Affe erblickt, als er ihm auch den Mund mit einem silbernen Löffel aufmachte, und ihm, noch ehe der Vater eine Einrede dagegen machen konnte, den goldnen Zahn unter heftigem Geschrei ausriß. ›Nun ist uns geholfen‹, sagte der Affe, ›mit diesem Zahn führe ich dich, Grubenhansel, in die Kammer, wo deine Frau jetzt den Stein der Weisen bereitet; wir überraschen sie, sie muß uns alles herausgeben, und wir sind die Herren der Erde und leben ewig.‹

Grubenhansel ließ sich betören, er schlich mit dem zitternden weinenden Veit und Trismegistus herab. Den Knaben brachte er zu Bette und versprach ihm so viele Pfauen und Tauben, als er nur wollte, wenn er schwiege, und der Knabe gab sich zur Ruhe.

Als meinem Söhnlein der Zahn ausgerissen wurde, empfand ich denselben heftigen Schmerz in meiner Kinnlade und hörte sein Geschrei bis in die Tiefe der Erde. ›Ach!‹ sagte ich, ›meinem Kinde ge-

schieht weh‹ – und ängstlich erwartete ich den Anbruch des Tages, um nach Hause zu kehren, als plötzlich Grubenhansel und Trismegistus vor mir standen und letzterer hastig nach dem Stein der Weisen griff, der vor mir zwischen drei Lilien lag, einer blauen, einer roten und einer weißen. Aber ich stellte meinen Fuß auf den Stein, der sogleich in die Erde versank, und der gierige Affe riß nun die weiße und rote Lilie ab und entfloh wie ein Pfeil aus der Grube, weil er den Schritt meiner Mutter hörte.

Schon hatte ich meinen Gatten mit den bittersten Vorwürfen überhäuft, daß er seinen Schwur gebrochen; als meine Mutter, die Frau Erde, eintrat und mit ungemeinem Zorn den Johannes bei mir fand. ›Deine Herrlichkeit ist aus‹, sagte sie, ›du hast mit dem goldnen Zahn deinem Glücke die Wurzel ausgerissen, gehe und lebe, bis der Vater stirbt, den auch der Affe verführt hat.‹ Nach diesen Worten rührte sie ihn mit der Hand an die Stirne, und er vergaß alles, was ihm geschehen war, und schlief ein. Nun ließen wir ihn durch die Berggeister in einen der Stollen, die er gegraben hatte, zu Tage legen; wo er nachmals in einer Höhle bis vorgestern als ein Quacksalber und Laborant gelebt hat. Seinen Vater, der im Berge am Tische angewachsen, besuchte er dann und wann und spielte Schach mit ihm, wußte aber gar nicht anders, als er sei in der Grube gesessen und habe laboriert. Als er heute gestorben, habe ich ihn zu

Grabe gebracht, ihr wart alle dabei, Gott gebe seiner armen Seele Ruhe!

Der Affe Trismegistus begab sich schnell nach seinem Turm zurück und stellte sich, als wenn er von gar nichts wüßte; er begann nun mit Hilfe der roten und weißen Lilie zu laborieren, kriegte aber nie etwas heraus. Noch mehrere Jahre lebte er auf der Burg, wurde aber endlich von meinem Sohne Veit, der ihn, seit er ihm den Zahn ausgerissen, tödlich haßte, vertrieben. Nun irrt er ewig in der Welt herum und sieht, wo er einen Narren findet, der mit ihm Gold macht, das heißt zum Schornstein hinaustreibt. Seine Anstalten und Rezepte haben sich unendlich vermehrt.

Zum Unglück kann er nicht sagen, was er will; er weiß es wohl, aber er nimmt immer ein Wort für das andere, und so kommt nie was zustande, und seinen

grauen Rock kriegt er nie herunter, denn er läuft ihm immer wieder nach.«

»Hätte ich ihn hier im Bade«, sagte Fräulein Quecksilber, »ich wollte ihn zwagen!« – »Wie wollte ich ihn auslachen!« sagte Koboldchen.

Kaum aber hatten sie dies gesagt, als ich ein Gerassel in dem Busche hörte, ich sah den goldnen Affen in größter Angst daherlaufen und Rock, Hut und Stiefel hintendrein. Jetzt holte ihn der Hut ein und sprang ihm auf den Kopf, jetzt hängte sich ihm der Mantel über die Schulter. Er lief in Todesangst immer in engeren Kreisen um mich und die Grube; jetzt waren ihm die roten Stiefel an den Beinen, der Gürtel sprang um ihn und schloß ihn mit dem Baume zusammen. Er lamentierte ganz erbärmlich, ich sollte ihn ablösen. Ich schnallte ihm den Riemen auf und er plumpste hinab; da fielen die Jungfrauen über ihn her, rieben und wälzten ihn wie die Hutmacher den Filz, bis er wieder ein ordinärer Affe war, und ich sah, wie sie ihn an einer Kette fortführten und die Grube verließen.

Nun entschlummerte ich, und als ich erwachte, stand die Sonne schon am Himmel; ich nahm die Weidenrute und die beiden Lilien, die neben mir lagen, um meine Gesellen zu suchen, welche ich in kleiner Entfernung von mir schon zu Pferde fand. Schnell warf ich mich auf mein Roß und setzte meine Reise ruhig fort.

Wie Radlauf die Verjüngung der Frau Phönix Federschein ansieht und diese ihre Geschichte mit dem Kauzenveitel erzählt.

Schon kletterte die Sonne an den Baumstämmen hervor, ein kühler Wind spielte in dem Laub, die Vögel sangen ihr Morgenlied, und ich dachte an die arme Ameley. Als wir aber an den Mainstrom kamen, der den Wald durchschnitt, und keine Brükke vorhanden war, ließ ich meine Begleiter mit den Rossen den Fluß hinaufreiten, um eine Fähre zu suchen, ich selbst aber erreichte das andere Ufer schwimmend.

Von dem Strom durchnäßt, erstieg ich einen Fels, um mich der Sonne auszusetzen, und ward so der Zuschauer eines wunderbaren Schauspiels.

Auf der andern Seite des Felsens lag in einem Bergkessel ein Hügel, in dessen Mitte die höchste und mächtigste Eiche, die ich je gesehen, ihr Laubgewölb ausbreitete. Im Kreise um sie, am Fuße des Hügels, wie Diener um eine Königin, standen eine Ulme, eine Linde, ein Nußbaum, eine Birke, eine Esche, eine Erle und eine Weide. Zu den Füßen der Eiche entsprang eine Quelle, die von Felsen unterbrochen, in zwei Arme geteilt, von dem Hügel herabstürzte; der eine Arm bildete auf der rechten Seite des Bergkessels einen klaren Spiegelsee, der andere Arm durchschlängelte zur Linken den Seegrund, der mehr einem Garten von wohlriechenden Gewürzkräutern, Blumen und Rosenbüschen als einem wilden Waldtale glich.

Ich saß auf einer hohen Felsenwand hinter Wacholdersträuchen und übersah den heimlichen schönen Waldgrund, ohne von dort aus bemerkt werden zu können. Jetzt aber erhob sich ein Lüftlein und regte die Gipfel des Hains auf, und eine Menge Vögel aller Art schnäbelten auf dem Gipfel der Eiche und schienen beschäftigt, ein großes Nest von den mannigfaltigsten wohlriechenden Hölzern und Kräutern zu erbauen. Der Mond lief noch nackt am Himmel herum, und der junge Tag, der aufstehen wollte, schämte sich vor ihm und errötete; nun aber zog der Mond ein weißes Hemd an und trat mit den Sternen hinter den himmelblauen Vorhang. Da machte sich die Sonne auf und hob ihr strahlendes Haupt über den Bergen empor, und wie sie den Rand der Wälder vergoldete, begann in der Linde die Nachtigall zu singen, und eine Weile drauf trat Frau Phönix Feder-

schein, meine dritte Ahnfrau, unter der Eiche hervor und sang:

»Der Mai will sich so günstig
Inbrünstig beweisen,
Ich hör's an aller Vögelein Gesang.
Der Sommer kommt, vor nicht gar lang
Hört ich Frau Nachtigall singen,
Sie sang recht wie ein Saitenspiel:
Der Mai bald will
Den lichten Sommer bringen, und zwingen
Die Jungfräulein zu singen und springen.

Jedoch so sind die Kleider
Mir leider zerrissen,
Ich schäme mich vor anderer Mägdlein Schar,
Mit meinen Füßen geh ich bar,
Als wenn ich baden wollte;
Der Reif und auch der kalte Schnee
Tat mir wohl weh,
Ich will als Badgesellen bestellen
Die Jungfrau an den hellen Waldquellen.

Komm, komm, lieb, lieb Agneta,
Margaretha, Sophia,
Elisabetha, Ameleya traut,
Sibylla, Lila, Frau Gertraut,
Kommt bald, ihr Mägdlein schöne,

Kommt mich zu baden säuberlich
Und schmücket mich;
O kommet, die Jungfrauen im Tauen,
Mich baden und beschauen, ja schauen.«

Kaum hatte sie dies Lied nach der Melodie der Nachtigall gesungen, als ihre sieben Fräulein aus den umstehenden Bäumen zu ihr auf den blumigten Rasengrund traten; Pfauenaug aus der Ulme, Nachtigall aus der Linde, Reiherbusch aus der Kastanie, Turtel aus dem Nußbaum, Flaum aus der Birke, Schwanenlied aus der Erle und Schwalbenwitzchen aus der Weide. Sie hatten alle ihre Röcklein aufgeschürzt und trippelten um Frau Phönix, die in dem Quell stand, herum, wuschen ihr die Füße und schmückten sie. Als sie fertig waren, sagte Frau Phönix:

»Ich bin Frau Phönix Federschein,
Begraben hab ich den Liebsten mein;
Mein Hals war goldgelb, licht und klar,
Mein Leib und Flügel purpurn war –
Der goldnen Kron auf meinem Haupt
Hat Trauer Licht und Glanz geraubt,
Nun sammeln mir die Vögelein
Weihrauch und Myrrhen und Spezerein,
Von edlem Holz wohlriechende Ästlein;
Sie bauen mir daraus ein Nestlein,
Darüber schwing ich mein Gefieder

Am Sonnenlichte auf und nieder,
Bis daß das Rauchwerk sich entzündet,
Die Flamme sich zur Höhe windet:
Dann laß ich mich herab zur Glut,
Verbrenne willig, wohlgemut.
Aus meiner Asche wird entstehn
Ein Würmlein, leuchtend anzusehn,
Woraus ich wieder rein und pur
Mich neu erschwinge zur Natur.
Nun saget mir, ihr Fräulein all,
Was euer Amt ist in diesem Fall?«

Fräulein Pfauenaug sang nun, indem sie Frau Phönix ihr Gewand ordnete:

»Mit dem Tausend-Augen-Kranze
Ich auf deine Reize schau;
Mit der Federn Purpurglanze
Schmück ich dich, du holde Frau!

Ich erweck dir nach der Sonne
In dem Herzen die Begierde,
Denn so heller Farben Wonne
Leiht ihr Schein erst rechte Zierde.

Fräulein Nachtigall sprach zu ihr:

»Ich, Frau Phönix, lehr dich singen,
Wenn dir will das Herz zerspringen
Lehret dich Frau Nachtigall,
Gott zu grüßen tausendmal;

Auf der Eiche in der Spitzen,
Wenn die Flammen dich umblitzen,
Lehret dich Frau Nachtigall,
Gott zu loben tausendmal.«

Fräulein Schwanensang, welche ein Lorbeerkrönchen trug, sagte ihr hierauf:

»Sängerin ist sie, ich bin Dichter,
Dichte nur ein einzig Lied,
Mich begeistern Himmelslichter,
Wenn der Mond ins Wasser sieht.

Und ich will dies Lied dir sagen,
Das ich sterbend pfleg zu singen,
Wenn die Flammen um dich schlagen,
Dich im Feuer zu verjüngen.«

Fräulein Fläumchen aber brachte eine Menge leichte Federkissen herbei und sprach:

»Allen Vöglein ihre Wiege
Füttre ich recht weich und zart,
Daß die junge Brut nicht liege
In den Reisern rauh und hart.

Als Bettmeisterin die Kissen
Trag ich dir zum Feuerneste,
Leid wär mir's, wenn dir die Äste
Nur ein Federlein zerrissen.«

Fräulein Schwalbenwitz nähte nun in ihrem grauen Sibyllenmantel und sagte:

»Wenn die andern schlafend nicken
Les ich auf des Tages Stirn
Das Geschick, mit leisen Blicken
Winket mir das Nachtgestirn.

Traumausdeuter, weiser Meister,
Sing ich dir die künft'gen Zeiten,
Wenn die wilden Feuergeister
In dem Neste um dich streiten.«

Fräulein Turtel trat nun freundlich herzu und sagte zu ihrer Gebieterin:

»Einst sang ich dir unverdrossen,
Wie der Pelikan sein Blut

Kinderliebend hat vergossen,
Zu erquicken seine Brut.

Nun reich ich, du Holde, Treue,
Dir den dunklen Witwenschleier,
Daß die Flamme dich erneue
In der glühen Totenfeier.«

Fräulein Reiherbusch nahte zuletzt und sang:

»Ich will dir die Flamme fachen
Mit der Flügel regem Schlag,
Daß sie freudig um dich lachen
Lichter als der junge Tag.

Wenn du schöner und belebter
Triumphierst in Jugendwonne,
Schwing ich dann den Federzepter
Vor dir hin durch Luft und Sonne.«

Frau Phönix dankte ihnen allen und sagte: »Bis mein Scheiterhaufen bereitet ist, will ich euch noch erzählen, wer der Vogelsteller Veit war, den wir heute begraben haben, oder vielmehr wie ich den jungen Fürsten Veit von Staarenberg kennenlernte, sein Weib ward, und wie er mich betrogen hat.

Herr Johannes, der Fürst von Staarenberg, der ein leidenschaftlicher Bergmann war, blieb einst ungewöhnlich lange aus. In den ersten Tagen glaubte sein Volk, daß er in irgendeiner Grube reiche Ausbeute müsse gefunden haben; denn sie wußten wohl, daß er in solchem Falle oft mehrere Tage ausblieb. Als aber endlich eine ganze Woche herumging und er noch nicht wiederkehrte, besorgte man, es möge ihn irgendein Unglück in dem Bergwerke getroffen haben, und suchte ihn vergebens allerorten.

Schon war Schloß und Land mit Trauer über seinen Tod erfüllt, als unter die Klagenden, die sich im Hofe versammelt hatten, ein seltsam gekleideter häßlicher Mann trat. Er trug einen grünen Hut, einen grauen, gelbgegürteten Rock und rote Stiefel und kam einen Turm herabgestiegen, auf den der Fürst immer allein zu gehen pflegte. Seine Erscheinung machte jedermann aufmerksam, weil ihn nie jemand gesehen hatte und weil er aus dem geheimnisvollen Turme kam. Er sagte hierauf: ›Ihr Männer von Staarenberg, euer Herr und Fürst, mein großer Gönner und Freund, ist nicht mehr; ich war sein Astronom, heute nacht hab ich die Sterne beschaut und daraus gesehen, daß er nie wiederkehren wird. Nun aber ist euer künftiger Herrscher, der Erbprinz Veit, noch unmündig; wer aber kann besser sein Vormund sein als ich, der der vertrauteste Freund seines Vaters war. Wollet ihr mir nun dieses Amt anvertrauen, so will ich eure Bergwerke bauen, besser noch als vorher, ich will eure Livreen mit Gold und Silber bedecken,

Lust und Herrlichkeit soll überall verbreitet sein; denn ich kenne alle Würzlein und Kräuter, alle Steine und Metalle, die Elemente sind mir untertan, und die Planeten habe ich alle an einem Fädchen.‹

Während er so sprach und dabei die seltsamsten Grimassen machte, nahte sich der kleine Veit an der Hand eines alten Vogelstellers, mit dem er sich viel abzugeben pflegte; er hatte einen schönen Distelfink auf der Hand und war guter Dinge. Die Staarenberger empfingen ihren kleinen Fürsten mit aller Liebe eines treuen Volkes, und als sie ihm sagten, daß sein Vater gestorben sei, ließ er den Finken fliegen und begann heftig zu weinen, mehr aber aus Schrecken über den Trismegistus, den er, seit er ihm einen goldenen Zahn ausgebrochen hatte, tödlich haßte, als über den Tod seines Vaters; denn er war noch zu

jung, um zu wissen, daß der Tod schrecklicher sei als der Zahnbrecher.

Von neuem erhob der graue Mann wieder seine Stimme und pries seine Kenntnisse und seine Gelehrsamkeit, und als er wieder sagte: ›Ich kenne alle Wurzeln und Kräuter‹, unterbrach ihn der alte Vogelsteller: ›Woran kennt Ihr sie denn?‹ – erwiderte der Affe Trismegistus stolz: ›Zeigt es mir nicht das Gesicht, so zeigt es mir der Geruch; zeigt es mir nicht der Geruch, so zeigt es mir der Geschmack.‹ Nun bückte sich der Vogelsteller und sprach, indem er dem Affen etwas reichte, was er aufgehoben hatte: ›Was ist denn dies für eine Wurzel, Herr Doktor?‹

›Erstens muß es mir das Gesicht zeigen‹, erwiderte der Affe, indem er das Dargereichte von allen Seiten betrachtete. ›Das Gesicht zeigt es mir nicht; so muß es mir der Geruch zeigen‹ – nun roch er daran und fuhr fort: ›Der Geruch zeigt es mir auch nicht, so muß es mir der Geschmack endlich zeigen‹ – und nun biß er hinein und reichte mit Stolz das Dargereichte dem Vogelsteller zurück – indem er hoffärtig sagte: ›Nehmt hin, mein Mann, Ihr seid betrogen, denn dies ist keine Wurzel, es ist getrockneter Affenmist.‹ – Kaum aber hatte er diese Worte gesagt, als man ihn allgemein auslachte, weil er den Kot so hoffärtig versucht hatte, und da der Vogelsteller sagte: ›Hat man mich mit dem Affenkot betrogen, so laßt euch, ihr Männer von Staarenberg, nicht von

dem Affen selbst betrügen‹, und als der kleine Veit noch dazu schrie: ›Ja, der Spitzbub hat mir meinen goldnen Zahn ausgebrochen‹ und ihm darauf einen Stein an den Kopf warf, gab er damit die Losung zu einem allgemeinen Steinhagel, mit welchem man den betrügerischen Affen Trismegistus zum Schloß hinaus verfolgte.

Als die Staarenberger sich nach dieser Verrichtung wieder um den kleinen Veit versammelt hatten, sagte dieser sehr verständig: ›Ich will mir meinen Vormund selbst aussuchen, und das soll niemand sein als mein lieber Vogelsteller hier, den ich am liebsten unter allen Leuten habe.‹

Einstimmig ward der Vogelsteller nun als Vormund Veits und Landesverweser anerkannt und verwaltete dies Amt auch mehrere Jahre zu allgemeiner Zufriedenheit.

Der kleine Veit hatte bei ihm die glücklichsten Tage; er beschäftigte sich mit nichts als dem Vogelfang und mit Erziehung mancherlei Vögel. Bald aber war ihm dies nicht genug, er wünschte selbst zu fliegen. Anfangs machte er allerlei kindische Versuche, indem er sich seine Kleider mit Federn benähte und sich Flügel an die Arme band; bald aber stiegen seine Versuche immer höher, und seine Einrichtung wurde künstlicher. Endlich, in seinem sechzehnten Jahr, hatte er mit vieler Mühe ein paar Flügel zustande gebracht, von denen er sich ungemein viel versprach, und er war fest entschlossen, sie in der folgenden Nacht zu probieren; denn bei Tag wagte er es nicht, da ihn sein Vormund schon mehrmals wegen seinem lebensgefährlichen Versuch gestraft hatte. Aber an selbem Morgen geschah ihm etwas, was seinen Versuch auf mehrere Tage verschob.

Ihr wißt, meine lieben Gespielen, daß wir, ich und ihr, durch den Willen des Geschicks alle vier Wochen die Gestalt von verschiedenen Vögeln während vier Tagen annehmen müssen, und dann allen Schicksalen dieser Tiere unterworfen sind. Ihr wißt auch, daß wir dann keine größeren Feinde haben als die großen Raubvögel, und besonders die Eule, die uns zur Nachtzeit nachstellt. Nun war ich zwar von meiner Mutter, Frau Luft, hinreichend gewarnt, mich in acht zu nehmen, aber die Jugend ist unvorsichtig.

Es war in einer mondhellen Nacht, und da Frau Eule das Licht scheut, dachte ich nicht, daß es so gefährlich sei, ein wenig spazierenzufliegen; denn wenn ich gleich ein Vogel war, so war ich doch niemals als ein solcher geflogen, sondern mußte in diesem Zustand immer einsitzen.

Meine Frau Mutter, die Luft, regte sich nicht und schlummerte ruhig; ich hatte eine unendliche Begierde, einmal den Himmel zu durchschweifen, besonders weil ein großer Komet am Himmel leuchtete und meine Mutter mir auf meine Frage, was das sei, gesagt hatte, es sei mein Bruder im Himmel.

Leise schlich ich mich aus meiner Kammer hier in die Eiche, breitete die Flügel aus und schwebte selig durch die Luft; ich kann euch mein Entzücken nicht beschreiben, wie ich so das schlummernde Antlitz der Erde mondbeleuchtet unter mir sah; wie mich die mondlächelnden Flüsse und Seen wie glänzende Augen anschauten; aller Duft der Wälder und Gärten mir ans Herz stiegen, und wie die Nacht ihre blaue Sterndecke wie einen wunderbaren Traum über mich gespannt hatte.

Jetzt schwebte ich über den glänzenden Türmen des Staarenberger Schlosses und wollte mich eben, durch Ungewohnheit des Flugs ermüdet, auf den höchsten dieser Türme niederlassen, als mich die Frau Eule, die auf ihm wohnt, bemerkte, mich mit ihren großen feurigen Augen ansah und mit dem Schnabel knappte. Da ergriff mich eine unbeschreibliche Todesangst, und wie ein Pfeil stürzte ich in einen naheliegenden Wald nieder; aber hier überraschte mich eine neue Gefahr. Ich stürzte in die Netze eines Vogelstellers, die mit Schellengerassel über mir zusammenschlugen.

Nicht lange sträubte und wehrte ich mich, als schon Veit von Staarenberg, ein schöner blonder Jüngling, sich nahte und mich mit ungemeiner Freude aus dem Netze hervornahm. Er war ganz entzückt über meine Schönheit; nie hatte er so etwas gesehen; er liebkoste mich, gab mir Zuckerbrot und eilte noch in der Nacht mit mir nach dem Schlosse in sein Gemach. Sogleich ließ er seinen Vormund rufen und zeigte mich ihm; und auch dieser war ungemein erstaunt bei meinem Anblick, er konnte mich nicht nennen, er hatte nie geglaubt, daß ein Vogel von solcher Schönheit existiere.

Als der Alte nach seiner Kammer zurückgegangen war, legte mich Veit auf sein Kopfkissen, liebkoste mich und entschlummerte. Als der Tag anbrach, begann er seine Liebe und Freude nur von neuem zu bezeugen; er breitete meine Flügel aus, fütterte mich aus seinem Munde, und seine Freundlichkeit rührte mich so, daß ich ihn lieb gewann und ganz zahm und vertraulich gegen ihn ward.

Drei Tage war ich so bei ihm, und schon nahte der vierte Tag, an dem ich wieder meine Gestalt annehmen sollte. Unbeschreiblich wuchs meine Angst, mich dann nicht zu Hause zu befinden, aber abends am vierten Tage wehklagte meine Mutter, die Frau Luft, durch alle Säle des Schlosses, und ich zeigte, mit den Flügeln schlagend, eine ungemeine Begierde zu fliegen.

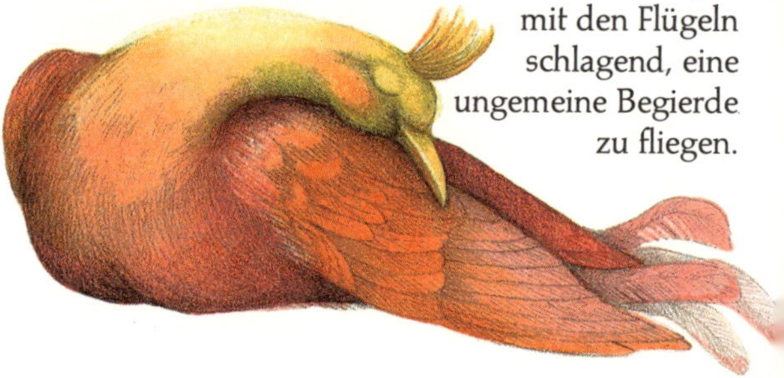

Dies erweckte dem jungen Fürsten auch seine alte Sehnsucht wieder; er sagte zu mir: ›Ja, fliegen, fliegen, mein schöner Vogel, fliegen ist eine Seligkeit! Gestern habe ich geträumt, ich flog an deiner Seite durch die Luft, und sobald ich es kann, wollen wir selig miteinander fliegen.‹

Hierauf nahm er seine künstlichen Flügel und begab sich auf die Terrasse des Schlosses, befestigte sich die Maschine an den Schultern und stürzte jubelnd in die himmlische Freiheit. Ich blieb in der Stube versperrt und sah ihm durch die Fenster nach. Kaum aber bemerkte ihn Frau Luft, als sie gewaltig zu stürmen begann. Die Fenster des Schlosses zitterten, die Rauchfänge fielen herunter, Hagel und Schloßen schlugen die Fenster ein, es donnerte und blitzte, und da die Sternenherde des Mondes scheu wurde, warf er mit Steinen nach ihnen, deren einer das Fenster meines Gemaches zerschlug und mir die Freiheit gab. Die Luft, meine Mutter, empfing mich zürnend und trieb mich nach Hause zurück in schnellem Flug; aber ich war mehr um das Schicksal des armen Veits

in dieser Nacht besorgt als um den Zorn meiner Mutter.

Ich erzählte ihr viel von dem jungen Veit, und wie zärtlich er gewesen, und daß ich ihn liebe. Als ich aber meine Angst aussprach, wie es ihm auf seinem Fluge möge ergangen sein, hörten wir ein Wehgeschrei und Geflatter in der Luft. Wir schauten auf, und es war Veit, auf dem Punkt, niederzustürzen; ängstlich flog ich ihm entgegen, er rief: ›Hilf, hilf, mein Vogel!‹ aber meine Mutter riß mich zurück und der gute Veit fiel hier in diesen Teich.

Es war gerade um die zwölfte Stunde der Nacht, wo ich wieder menschliche Gestalt annahm. Ich eilte nach dem Teich und reichte ihm die Hand. Als er zu Lande gestiegen, war seine erste Frage, ob ich nicht den wunderschönen Vogel gesehen, dem er soeben begegnet sei, und in dessen Lobeserhebung er kein Ende fand.

Meine Mutter, die Frau Luft, trocknete ihn, und wir lösten ihm seine zerrissenen Flügel ab. Er blieb einige Tage bei uns; meine Liebe war ungemein, und auch er liebte mich sehr; meine Mutter willigte in unsere Verbindung, und ich zog mit ihm als seine Braut nach Staarenberg zur Hochzeit, bei welcher er schwören mußte, mich immer in der vierten Woche des Monats an einem einsamen Platz im Walde zu verlassen und, ohne mir nachzuforschen, mich nach vier Tagen wieder zu erwarten. Zugleich mußte er

versprechen, dem Vogelfang und dem Fliegen gänzlich zu entsagen; welches er leichter schwur als er es nachmals hielt.

Meine Mutter wollte die Hochzeit sehr feierlich haben; sie begleitete mich daher mit ihrem ganzen Hofstaat in Menschengestalt, und bei diesem Fest verrichteten Folgende die Ämter:

Der Adler führte mich zum Traualtar;
Der Dompfaff traute uns als Schloßpfaff;
Der Emmerling gab mir und ihm den Fingerring;
Der Rabe gab mir die Hochzeitgabe;
Der Vogel Strauß führt' wieder mich zur Kirch hinaus;
Der Goldfasan führte mich zum Tanzplan;
Der Auerhahn, der gab da alle Tänze an;
Der Reiher und der Geier, die spielten da die Leier;
Die Wachtel, die schlug den Takt drei Achtel;
Der Fliegenstecher kredenzte da den Hochzeitbecher;
Die Meise, die brachte manche Speise;
Der Stiegelitz führt nach dem Tanze mich zum Sitz;
Die Goldammer führte uns in die Brautkammer;
Der Habicht ging vor uns mit dem Nachtlicht;
Die Amsel gab mir das Nachtgewand;
Die Taube, die reichte mir die Haube;
Der Grünspecht gab meinem Veit den Stiefelknecht;
Der Wiedehopf brachte uns den Nachttopf;
Die Schnepfe brach vor der Tür die Töpfe;

Und nach ihr sang Frau Nachtigall die ganze Nacht
mit süßem Schall.

Mein lieber Veit aber war nicht recht fröhlich, und immer stak ihm noch der schöne Vogel im Kopf, den er gehabt hatte.

Ich durfte nicht sagen, daß ich es selbst war, und suchte seine Sehnsucht durch meine Liebe zu zerstreuen.

Am folgenden Morgen setzte er seinen Vormund, den alten Vogelfänger, ab, weil er ihm, wie er sagte, nicht acht auf den schönen Vogel gegeben hatte, und setzte hohe Preise aus, wer ihm den Vogel wiederbrächte. Nach drei Wochen verließ ich ihn mit meinem ganzen Hofstaat; wir gingen an einen einsamen Ort im Wald, er verließ uns, und wir kehrten, in Vögel verwandelt, hierher zurück.

Nach vier Tagen kam ich allein wieder zu ihm, und wir lebten glücklich.

Nach einem Jahr brachte ich ihm einen Sohn, namens Jakob, den wir sehr liebten und wohl erzogen. Nur hatte er eine Eigenschaft, die uns sehr oft beunruhigte, nämlich eine große Freude am Feuer. Vielleicht, daß meine Eigenschaft, mich im Feuer zu erneuern, ihm diesen Trieb in seine Natur gebracht. Als Kind von wenigen Monaten schon lachte er immer beim Anblick des Lichtes und griff mit seinen Händchen nach der Flamme. Später steckte er jeden Span an, den er erwischen konnte, und mit dem Ofenheizer des Schlosses lief er von einem Kamin zum andern. Als Knabe war er nicht aus der Schmiede zu bringen, und auf einsamen Spaziergängen im Wald machte er sich immer ein Feuer an und sprang darüber und jauchzte beim Anblick der Flamme, so daß er, weil er oft berußt war, von uns den Spottnamen Kohlenjockel erhielt.

So lebten wir lange glücklich, aber alles hat sein Ende, und so endete auch unser Glück. Die Eule und der Kuckuck waren meine Feinde, um so mehr, da sie nicht waren zur Hochzeit geladen worden. Der Kuckuck aber besonders; denn dieser freche Stutzer hatte sich immer vergeblich um meine Liebe beworben.

Als ich nun einst in Vogelgestalt hier im Baume saß, lud meine Mutter, mich zu zerstreuen, eine große Gesellschaft von Vögeln zusammen und er-

klärte ihnen, daß nun fünfundzwanzig Jahre seit meiner Hochzeit verflossen seien und daß sie sich nächstens einstellen sollten, dies Fest meiner Vermählung auf dem Staarenberg abermals zu feiern.

Da drängte sich der Kuckuck plötzlich in die Gesellschaft, sprach allerlei Ungezogenheiten und erklärte, daß er auch dabei sein wolle; aber er ward einstimmig abgewiesen, und ich verbat mir seine Annäherung für immer; worauf er drohend und erzürnt die Gesellschaft verließ. Er begab sich nun zu der bösen alten Frau, der Frau Eule, und machte mit ihr den Plan, mein Glück zu vernichten, welches ihnen auch gelang.

Den ganzen Tag flog der Kuckuck um meinen Gemahl herum; er mochte gehn und stehn, wo er wollte, so schrie er ihm zu: ›Kuckuck! Kuckuck!‹ und ebenso saß er des Nachts vor seinem Fenster und schrie: ›Kuckuck! Kuckuck!‹ Veit wußte gar nicht, was dies bedeuten sollte und wurde, da dies den zweiten Tag ebenso fortwährte, endlich ganz unruhig darüber.

Am folgenden Abend ließ sich Frau Eule bei ihm anmelden als eine alte Anverwandte seiner Frau, vor der sie ihm Nachrichten zu bringen habe. Begierig ließ sie Veit zu sich herein; sie hatte eine tiefe Perücke aufgesetzt und hatte eine Pelzjacke an und bat ihn das Licht auszulöschen, weil sie kranke Augen habe und den Schein nicht vertragen könne. Veit tat nach

ihrem Willen. Nun sagte die Lügnerin folgendes: ›Lieber Herr Veit, Ihr dauert mich; seht, ich bin die Amme Eurer Frau; sie hat mich aber mit Undank verstoßen und muß ich mich nun kümmerlich mit Spinnen und Wahrsagen ernähren; und so komme ich, um Euch meine Kunst anzubieten und Euch zu fragen, ob Ihr denn gar nichts auf dem Herzen habt, was Ihr gern wissen wollet.‹ ›Ach‹, sagte Veit, ›wissen möcht ich, was der Kuckuck will, der seit mehreren Tagen mir unaufhörlich zuruft.‹ Darauf erwiderte ihm Frau Eule: ›Mein lieber Veit, das ist ein böser Ruf, er sagt Euch, daß Eure Gattin Euch nicht liebt und in der Zeit ihrer Abwesenheit gar nicht an Euch gedenkt.‹

Veit wurde darüber sehr bestürzt und fragte die Frau Eule, wer der sei, über den er vergessen werde. Da sagte Frau Eule: ›Es ist jemand, den Ihr in Eurem Busen getragen, aus Euern Händen ernährt habt, es ist der, der Euch seit Eurer Hochzeit verlassen hat, es ist der schöne bunte Vogel, nach dem Ihr Euch so sehr sehnt; dieser ist ein Zauberer, den Ihr in dieser Gestalt gefangen; ach, hättet Ihr ihn doch damals erwürgt und ausgestopft, es wäre Euer Glück gewesen.‹

›Wie kann ich seiner denn wieder habhaft werden, des Bösewichts?‹ fragte Veit, worauf ihm die böse Frau Eule folgenden Anschlag gab: ›Ihr wißt, daß Eure Gemahlin in der dritten Woche, wenn sie morgen zu Euch kömmt, ihre silberne Hochzeit mit Euch feiern will, und daß sie deswegen ihren ganzen Hofstaat mitbringen wird; Ihr müßt daher, ehe sie Euch wieder verläßt, auf dem Platz im Walde, wo sie von Euch geht, alles mit Netzen und Schlingen umgeben; ich weiß, daß ihr Freund sie dort immer im Gebüsche erwartet; ich will da lauern und ihn schon in die Schlinge hineintreiben, und dann mögt Ihr tun, was recht ist.‹ – So sagte die böse Frau Eule und verließ meinen Gatten.

Am folgenden Tag kam ich wieder zu ihm mit allen meinen Hochzeitsgästen; Veit war ungewöhnlich heiter; die Feier der silbernen Hochzeit wurde veranstaltet; alles war voll Freude und Vergnügen. Wir tanzten die letzte Nacht noch im Freien, als ich plötzlich den Ruf des fatalen Kuckucks wieder hörte. Erbittert bat ich meinen Gatten, er möchte mir den widerlichen Vogel fangen und braten: ›Nein‹, sagte Veit, ›ich habe dir bei meiner Hochzeit geschworen, keinen Vogel mehr zu fangen, und nie will ich auch diesen meinen Schwur verletzen, denn er ist ein Wahrsager.‹ Hierauf ward Veit ganz blaß und wieder rot vor Zorn, doch verstellte er sich wieder bald und ward ausnehmend vergnügt.

Als nun die Stunde herannahte, daß ich ihn verlassen sollte, sagte er mir spöttisch: ›Lebe wohl, wir werden bald hören, was der Kuckuck wollte.‹ Ich weinte über sein wunderliches Wesen und verließ ihn. Kaum aber hatte ich im Gebüsch meine Vogelgestalt wieder angenommen und wollte nach Hause eilen, als ich mich in Netzen, die über mir und meiner Gesellschaft zusammenschlugen, gefangen sah, wozu der Kuckuck gewaltig lachte.

Veit stürzte herein in das Dickicht, nahm mich aus den Netzen und sagte: ›Ha, verräterischer Vogel, nun sollst du mir nicht wieder entgehen; du bist es, der meine Gattin zum Unrecht verführt, du mußt sterben.‹ Und somit eilte er durch den Wald zum Schlosse zurück, indem er mich unter dem Arm hatte und mich kniff und rupfte, daß ich laut jammerte. Frau Eule aber zerriß indessen mit ihren Krallen alle meine kleinen Hochzeitsgäste, außer dem Adler, der sie fest packte und aus den Netzen, die der Vogel Strauß zerbrach, fortschleppte.

Mein Sohn Jockel hatte seiner Gewohnheit nach bei dem Tanz die Beleuchtung und alles Feuerwerk besorgt, und da er eben einen Scheiterhaufen von allerlei wohlriechendem Holz, um einen angenehmen Rauch zu machen, angesteckt hatte, fand ihn sein Vater, der mich unter dem Arm trug. Er warf mich im Zorn in die Flamme, immer in dem Gedanken, ich sei sein Feind.

Meine Mutter, die Frau Luft, tobte auf mein Angstgeschrei durch den Wald, das Feuer schlug hell auf und ich verbrannte. Wie erstaunte mein Gemahl, als ich mich aus der Asche schöner als vorher erhob und zu ihm sagte: ›Treuloser Veit, du hast deinen Schwur gebrochen, du hast dein eigenes Weib, dein Glück ermordet, ich verlasse dich auf ewig.‹

Nun kam meine Mutter, der Adler brachte auch die Eule herangeschleppt. Meine Mutter befahl ihm, der Eule das Fell abzuziehen; er tat es, und nun hängte sie es meinem Gatten um und blies ihm dabei so heftig den Rauch ins Gesicht, daß er das Gedächtnis verlor, worauf sie ihm zuschrie: ›Nun gehe zum Kuckuck! Kauzenveitel sollst du heißen und ein Vogelsteller sein in Ewigkeit, bis dein Vater und Urgroßvater mir dir zur Erde gebracht sind.‹ Veit lief nun bewußtlos in den tiefen Wald zum Kuckuck, ward ein Vogelsteller und wußte nichts

anders, als daß er von jeher einer gewesen sei. Sein Vater Grubenhansel, der in der Nähe wohnte, nahm ihn in strenge Zucht, und hat er da wohl hundert Jahre gesessen, bis wir ihn heute begraben haben, wobei ihr alle zugegen wart.«

So beschloß Frau Phönix ihre Geschichte, und nachdem sie eine kleine Weile geschwiegen hatte, sagte sie: »Wohlan! So der Scheiterhaufen fertig ist und die Sonne stark genug, ihn zu entzünden, will ich mich hinauf begeben.« Nun eilte Fräulein Flaum als Bettmeisterin zu dem Nest in der Krone der Eiche, mit dem die Vögel schon fertig waren, legte die Kräuterkissen hinein und ordnete es bequem. Fräulein Pfauenaug aber sah in die Sonne und kündigte an, daß sie kräftig genug sei, den Scheiterhaufen zu entzünden; worauf Frau Turtel der Frau Phönix das Antlitz verschleierte. Fräulein Paradies flog voran, ihr folgte Dichterin Schwanenlied und die Sängerin Nachtigall und die Frau Sibylle Schwalbenwitz, dann folgte Frau Phönix Federschein und hinter ihr Frau Turtel, Fräulein Flaum und Pfauenaug. Erst umkreiste der Zug das Nest, dann ließ sich Frau Phönix drin nieder, die Jungfrauen aber setzten sich rings jede auf ihre Baumspitze.

Fräulein Paradies fing an, gegen das Nest zu wehen, das bald vom Glanz der Sonne entbrannte; dann ließ sie sich auch auf ihren Baum nieder; nun strömte eine wohlriechende Luft durch die Gipfel der Bäume. Frau Phönix schwang sich nochmals empor, die Flamme des Nestes schlug hoch auf, sie stürzte sich hinein, und es ertönte folgender Gesang:

Frau Phönix:
»In der Flamme wildem Streite
Atme ich nur milde Ruh,
Daß die Flamme züchtig mich entkleide,
Decken mich die linden, lieben blauen Lüfte zu.«

Chor der sieben Fräulein:
»Lasse, o Sonne,
Das Opfer gelingen;
Flammen der Wonne,
Durch schimmernde Schwingen
Zucket ihr trunken,
Hebet in Funken
Lachende Farben,
Die in dem seligen Tode erstarben,
Der sie durchglühte
Jetzt wie die Blüte,
Um sie zu zeitigen,
Schnell zu dem freudigen,
Göttlich mitleidigen
Lichte empor.«

Frau Phönix:
»Mich durchglühen süße Flammen,

Mich durchkühlet milde Luft,
Mir im Herzen dringen sie zusammen,
Wie versöhnte Feinde sich umarmen in der Gruft.«

Chor der sieben Fräulein:
»Lasse, o Luft, dir
Das Opfer gefallen;
Sieh, wie voll Duft hier
Die Wolken aufwallen;
Weiherauch trinkst du,
Rauschend aufschwingst du
Flammenpaniere,
Daß hoch die Jugend im Tod triumphiere.«

Frau Phönix:
»O wie selig sind die Wunden,
Die das Wiedersehn erschließt;
Das Verlorne, alles ist gefunden,
Und das liebe ew'ge Leben mir das Herz
durchfließt.«

Schwanenlied:
»Wenn die Augen brechen,
Wenn die Lippen nicht mehr sprechen,
Wenn das pochende Herz sich stillet
Und der warme Blutstrom nicht mehr quillet:
O dann sinkt der Traum zum Spiegel nieder,
Und ich hör der Engel Lieder wieder,

Die das Leben mir vorübertrugen,
Die so selig mit den Flügeln schlugen
Ans Geläut der keuschen Maienglocken,
Daß sie all die Vöglein in den Tempel locken,
Die so süße wildentbrannte Psalmen sangen:
Daß die Liebe und die Lust so brünstig rangen,
Bis das Leben war gefangen und empfangen;
Bis die Blumen blühten;
Bis die Früchte glühten
Und gereift zum Schoß der Erde fielen,
Rund und bunt zum Spielen;
Bis die goldnen Blätter an der Erde rauschten,
Und die Wintersterne sinnend lauschten,
Wo der stürmende Sämann hin sie säet,
Daß ein neuer Frühling schön erstehet.
Stille wird's, es glänzt der Schnee am Hügel
Und ich kühl' im Silberreif den schwülen Flügel,
Möcht' ihn hin nach neuem Frühling zücken,
Da erstarret mich ein kalt Entzücken –
Es erfriert mein Herz, ein See voll Wonne,
Auf ihm gleitet still der Mond und sanft die Sonne
Unter den sinnenden, denkenden, klugen Sternen
Schau ich mein Sternbild an in Himmelsfernen;
Alle Leiden sind Freuden, alle Schmerzen scherzen
Und das ganze Leben singt aus meinem Herzen:
Süßer Tod, süßer Tod
Zwischen dem Morgen- und Abendrot.«

Schwalbenwitz:
»Wahrlich, wahrlich, ich sage euch,
Himmel und Erde sind sich gleich.
Spricht der Himmel: Werde!
Da grünt und blüht die Erde!
Spricht die Erde: Sterbe!
Da wird der Himmel ein lachender Erbe.
Sterne sah ich blinken und sinken,
Den Mond in der Sonne ertrinken,
Die Sonne stieg in die Meere,
Ohne daß sich ein Fünklein verlöre.
Feuer und Wasser hassen sich,
Erde und Wasser umfassen sich,
Luft und Feuer entzünden sich,
Erde und Feuer ersticken sich,
Erde und Luft umkühlen sich,
Luft und Wasser umspielen sich,
Aber alles ist Liebe, Liebe, Liebe
Und wenn sich alles empörte, verzehrte,
verschlänge,
Daß gar nichts bliebe, bliebe doch Liebe
Die Hülle, die Fülle, die Menge.«

Nachtigall:
»Sehnsucht, Schwermut, Wehmut,
O wie schwüle Gefühle fühle
Ich im kleinen Herzen,

Daß ich, stolz in Demut,
Recht im Glutgewühle
Mir den Mut erkühle
Und in bittern Schmerzen
Süß kann scherzen,
O du Liebeswiderspruch!
Stummes Echo, segensvoller Fluch,
Feuer, das erquicket, Luft, die ersticket,
Wasser, das dürstend flehet,
Erde, die wie Luft und Feuer wehet.
O wie ist der Streit so geschwind und gelinde,
Daß die Lust die Liebe finde, beide überwinde
Mit dem blinden Kinde Amor, der die Binde
Seiner Augen niederreißt im Siege,
Um zu schauen, wie die Lieb der Lust erliege,
Daß das Leben sich zu beiden schmiege,
Und er sieht, der Kampf ist nur die Wiege,
Daß die weinende Sehnsucht schwiege
Und das neue Leben schaukelnd gaukelnd
Zu den Sternen fliege.«

Während die Dichterin Schwanenlied, die Sibylle Schwalbenwitz und die Sängerin Nachtigall so sangen, hatte sich der Leib der Frau Phönix in den Flammen verzehrt; nur ein kleines schimmerndes Würmlein lag, wie ein Rubin glänzend, in der dunkeln Asche, und in dem Augenblick, als Frau Nachtigall verstummte, verwandelte es sich von neuem in

die Frau Phönix, die jubelnd, glänzender und schöner zum Glanz der Sonne emporstieg.

Alle die sieben Jungfrauen umkreisten sie mit Gesang, und dann eilten sie freudig über den Berg hin und entschwanden meinen Augen.

Da ich aber bemerkte, daß der Weihrauch an den verbrannten Ästen, an den Zweigen der Eiche herabgetröpfelt war, stieg ich zu dem Tale herab und sammelte dessen eine Menge, um doch auch ein Andenken von meiner Urgroßmutter, Frau Phönix Federschein, zu haben.

Kaum hatte ich dessen eine hinreichende Menge gesammelt, als mich das Wiehern der Rosse, das durch die Felsen schallte, überzeugte, meine Gefährten müßten in der Nähe sein; ich folgte dem Bächlein, das unter der Eiche entsprang, und fand bei dessen Ausfluß in den Main meine Gefährten versammelt; ich bestieg mein Roß, und wir zogen durch das Gebirg weiter.

Wie Radlauf die Frau Feuerschein von ihrer Verbindung mit dem Kohlenjockel erzählen hört und nach Hause kommt.

Es war, als habe sich an dem Feuer, worin sich Frau Phönix geopfert hatte, die Sonne selbst erhitzt; ihre Strahlen fielen ungemein heiß auf uns hernieder, die Luft war dick und schwül, Gewitter zogen sich rings zusammen; wir waren in einem wilden Waldgebirge, und ich ließ meine Gefährten in einer kühlen Felsenhöhle ihre Rosse einstellen und sich erholen. Mich selbst trieb die Sehnsucht, den Berg höher hinan zu steigen, ob ich vielleicht nicht die Gebirge meiner Heimat erblicken könne, die das Bett meines geliebten Rheins begleiten; denn das Land gewann mir ein heimisches Aussehen. Efeu und Reben kletterten an den Felsen hinan, und ich glaubte nicht ferne vom Altare des Bacchus zu sein.

Mühsam erstieg ich den Gipfel des eichenbewachsenen Berges, und als ich, mich seiner Spitze nähernd, aus den Stämmen hervortrat, sah ich einen Rauch aus seiner Mitte aufsteigen. Aussicht aber hatte ich keine, weil der Wald rings hoch war.

Ich nahte mich der Stelle des Rauchs und erblickte

eine Öffnung gleich einem Kessel und hörte in der Tiefe ein Murren und Sausen; der Himmel aber verfinsterte sich, die Gewitter zogen eine finstere Wagenburg um mich her, und indem sie tiefer sanken als ich stand und ihren Donner um mich rollen ließen, schien es mir, als sei ich allein auf einer Feste, die belagert würde.

Da nun der Rauch des Gipfels stärker wurde, auch dann und wann Flammen emporzuckten und glühende Steine emporflogen, so ward ich beunruhigt und wollte meinen Weg wieder hinab nehmen. Ich war zu diesem Ende kaum hundert Schritte durch den Eichenwald zurückgegangen, als ich auf eine Höhle traf, deren Eingang ganz aus Schlacken und verglasten Steinen bestand, die künstlich aufeinander verschmolzen schienen. Ich würde vorübergegangen sein, hätte ich nicht mehrere Stimmen darin flüstern hören.

Neugier und die Gewohnheit, seltsame Dinge zu hören, lockten mich einige Schritte tiefer in die Höhle; bald fand ich ihre Wände von zuckenden Flammen angeschimmert; ich schlich leise vorwärts und erblickte Frau Phosphor Feuerschein, meine Großmutter, und ihre sieben Glutfräulein in einem runden Saale sitzen, der die Gestalt eines Backofens hatte. Sie saßen rings herum, eine jede hatte eine andere Arbeit vor. Frau Phosphor Feuerschein aber unterbrach plötzlich die Stille mit folgenden Worten:

»Lange war mit stummem Grimme
Hier im Haus mein Schmerz verschlossen,
Aber da die Zeit verflossen,
Hört, Gespielen, meine Stimme.

Schon erschallt ein dumpfes Lachen
In des alten Berges Bauch,
Und es speien hagre Drachen
Aus dem Gipfel Glut und Rauch.

In der Tiefe Eingeweiden
Wütet schon mein eigner Schmerz,
Meine Leiden all zerschneiden
Jetzt des Berges kaltes Herz.

Schwefel, Kalk und Kohle schwitzet
Eingemengt in banger Wut,
In den Adern sich erhitzet
Der Metalle starres Blut.

Die verschiednen Geister drängen
Sich in banger Angst nach Luft,
Bald wird die Gewalt zersprengen
Dieses Trauerkerkers Gruft.

Wo der edle Wald jetzt kühlet,
Tobt dann Feuers Raserei,
Das schon summend aufwärts wühlet
Und macht meine Seele frei.

Hört, wie rings die Felsenknochen
Krachen in dem alten Berg,
Hört, wie heult erhitzt im Kochen
Laut der faule Heinz, der Zwerg.

Und es werden glühe Felsen
Fliegen aus des Berges Schlund,
Die sich donnernd niederwälzen
In den sanften Wiesengrund.

Wo jetzt still die Hirsche grasen,
An der kühlen Efeuwand,
Werden Lavaquellen rasen
Nieder in das rhein'sche Land.

Wenn die Zornflut wird erkalten,
Klagen noch der fernen Zeit
Ihre schroffen Schreckgestalten
Meines Schmerzes Grimmigkeit.

Doch ich will hinab jetzt sinken
In der Nymphen Quellenhaus –
Und den Schwefelbecher trinken
Die versöhnten Quellen aus.

Ich versöhne meine Tränen,
Meine Glut und meine Wut,
All mein Stöhnen, all mein Sehnen
Mischend ihrem kühlen Blut.

Wenn ich mich mit ihr geselle
In des Berges tiefstem Schlund,
Sprudeln wir als Schwefelquelle
Heilend auf im Wiesengrund.

Krankes Weh soll dann genesen
In dem Feuer- und Wasserbund,
Die so lang getrennt gewesen,
Tuen so den Frieden kund.

Und dann eil' ich zu dem Rheine,
Wo der Biber hat gebaut,
Daß ich lebend mich vereine
Wieder mit des Sohnes Braut.«

Über diese Worte waren die Glutfräulein höchlich erfreut, und jede erzählte mit fröhlichem Ungestüm, was sie alles bei dem verheerenden Feuer tun wolle; zuerst tanzte und gaukelte Fräulein Flämmchen hin und her und ward bald lang, bald breit, wie eine mutwillige Zunge; sie sang:

»Vor dir will den Weg ich bahnen,
Denn ich werde von den Hecken
Auf die Bäume deine Fahnen
Glühend in den Wind aufstecken.

Wie ein feurig Eichhorn klettern
Will ich durch die grünen Haseln
Und die Nüsse niederschmettern
Daß sie glüh'nd am Fels zerprasseln.

Zu den Fichten will ich klimmen,
In den Eichen will ich stürmen,
Daß sie schrei'nd die Äste krümmen
Gleich verbrennenden Gewürmen.

Auf die hohen Zedertürme
Stecke ich den roten Hahn,
Und er schreit die wilden Stürme
Als Gehilfen bald heran.«

Nun unterbrach Fräulein Fünklein das Lied des Fräulein Flämmchen, und indem sie aus ihrem Winkelchen hervorsprang und in tausenderlei schön verschlungenen Linien an der Erde hinlief, sang sie also:

»Auf dem Schlachtfeld lauf ich Fünklein,
Um die Toten zu begraben
Und mit einem Feuertrünklein
Die Ermatteten zu laben.

Wenn du, Flämmchen, ausgelecket
Satt im durst'gen Ungestüme,
Wird dein Mut oft neu gewecket,
Wo ich emsig suchend glimme.

In dem dürren Laube irrend
Samml' ich der Zerstreuten Chor,
Am Wacholderbusch aufschwirrend
Zuckst du, Flämmlein, neu empor.

Auch bin ich der rasche Flieger,
Auf des Windes leichtem Flügel
Trag ich, Flamme, dich als Sieger
Über Tal und über Hügel.«

Nun unterbrach aber Fräulein Hitze das Fünklein ungestüm und machte sich so breit und dick, daß allen ringsum die Schweißtropfen auf die Stirne traten, indem sie sang:

»Flämmlein, Fünklein, zu geschäftig
Preiset ihr hier eure Werke,
Sagt, was ist in euch denn kräftig,
Als allein nur meine Stärke?

Ich kann ohne euch bestehen,
Ohne euch bleib ich doch heiß;
Aber ohne mich euch sehen
Laßt ihr nicht, ihr Naseweis.

Ich bin eures Schwertes Schneide
Und wenn ihr so triumphieret,
Euch mit meinen Federn zieret,
Ist es nur, weil ich es leide.«

Hierauf trat auch Fräulein Lichterloh auf und warf den beiden ersten ihre Eitelkeit mit folgenden Worten vor:

»Ich bin es, die euch gestaltet,
Ei, ihr macht euch gar zu kraus,
Wenn ihr freudig euch entfaltet,
Sprecht ihr nur mein Wesen aus.

Häßlich wäre euer Treiben,
Nur ein Werk der Dunkelheit,
Nur ein schmutziges Zerreiben,
Gäb ich euch nicht Heiterkeit.

Was ist edel an dem Feuer,
Als daß es die Nacht zerbricht,
Dieses alte Ungeheuer
Unterliegt allein dem Licht.«

Fräulein Rauch begann ihre Rede und ringelte und schlingelte sich durch das Gewölbe mit folgenden Worten:

»Ich gleiche einer Riesenschlange,
Ringe über eurem Funkeln
Mich empor in schwarzem Drange,
Daß die Sterne sich verdunkeln.

Ist der Streit erst recht begonnen,
Wölb ich überm Glutgetümmel,
Wo ihr kämpft gleich wilden Sonnen,
Euch den eignen Wolkenhimmel.

Wie sich meine Fahnen schwenken,
Muß sich eure Wut auch drehen;
Flamme, willst du recht einlenken,
Nur auf mich, auf mich gesehen!«

Als diese fertig waren, traten ganz bescheiden die zwei übrigen Fräulein Kohlenschwärzchen und Äscherling auf, die eine im schwarzen trauernd, die andere im grauen Bußröcklein; sie sangen wie folgt:

Kohlenschwärzchen:
»Um euch trag ich noch die Trauer,
Kehren einst die scheuen Hirsche,
Fliehen sie in bangem Schauer,
Wenn ich unter ihnen knirsche.

Wenn der Wald hier ist verschwunden,
Dien' ich zu willkommnem Troste

Armen, die mich aufgefunden,
In des Winters hartem Froste.

Einsam bleibe ich zurücke,
Ringsum öd und ausgestorben,
Gleich ich doch der Ehrenkrücke,
Die im Kriege wird erworben.«

Äscherling:
»Asche warst du, und zur Asche
Sollst du einstens wieder werden,
Wenn ich naschend dich erhasche,
Sprach der Herr zum Sohn der Erden.

Wenn im eitlen Triumphieren
Eure Schimmer all verglühten,
Werde ich allein regieren,
Einsam hier die Wahlstatt hüten.

Traure, Kohle, ich will büßen
Und der Erde nacktem Haupt,
Dem ihr allen Schmuck geraubt,
Will ich seinen Schmerz versüßen.

Denn mit meinen scharfen Laugen
Will ich hier den Grund ausscheuern,
Daß zur süßen Lust der Augen
Sich die Wiesen schön erneuern.

Also rufe ich zurücke,
Was die blinde Wut verheerte,
Über meine graue Brücke
Treibt der Frühlingshirt die Herde.«

Nun aber sagte Frau Feuerschein: »Gebet euch zur Ruhe, keine hat Ursache sich zu brüsten, eine kann ohne die andere nicht bestehen, und mich verherrlichet ihr alle. Zum Lohn eures Diensteifers will ich meine traurige Geschichte erzählen, die einen so grimmigen Zorn in mir erregt hat, daß ich zu einem ewigen Angedenken dieses alte Felsenschloß zerstören und mich den Quellen, die in seinem Keller hausen, vereinen will. Setzet euch ruhig um mich her, jede nehme ihre Arbeit vor.« Jetzt setzten sich die Fräulein still und aufmerksam um Frau Feuerschein herum und verfertigten Irrwische, Feuerkugeln, feurige Drachen und allerlei solche leuchtende Sachen, sie aber erzählte wie folgt:

»Jakob von Staarenberg hatte eine besondere Leidenschaft von Jugend auf, mit Feuer zu spielen, was er vielleicht von der Gewohnheit seiner Mutter, sich in den Flammen zu erneuern, mochte geerbt haben. Als sein Vater von den Staarenbergern vertrieben war, war Jakob bereits in einem Alter von 25 Jahren und hatte den Beinamen des Kohlenjockels. Seinen Regierungsantritt feierte er mit unendlichen Illuminationen, die so herrlich von den Bergen in den See schimmerten, daß die Fische an der Oberfläche tanzten.

Solange er regierte, mußten rings auf den Bergen ewige Feuer unterhalten werden; er brannte sich zur Augenlust ganze Wälder an, und oft machte er sich ein Vergnügen daraus, abends in die Spinnstuben der Mägdlein zu gehen und mit einer Fackel ihnen

den Rocken zu verbrennen. Als er einstens in der Nacht mit einer Fackel durch einen Wald lief und ihn mutwillig entzündete, ward die Hitze so groß, daß er fliehen mußte und nicht zurückkehren konnte. Seine Fackel erlosch ihm, und er sah bald einige Irrwische vor sich, denen er, als ihm ganz neuen Erscheinungen, begierig nachfolgte.

Unbekümmert, was seine Untertanen über seine Abwesenheit denken möchten, ruhte er bei Tag in der Wildnis und setzte seine Verfolgung der Irrwische bei Nacht fort, bis er endlich hierher in diese Burg gelangte, die mir von meiner Mutter damals angewiesen wurde, als mich ein kühner Sterblicher, Prometheus genannt, ihr raubte und mich zum Erdfeuer machte. Hier saß ich einsam und trauerte über das Schicksal meines geliebten Entführers, den die Götter als einen Jungfrauenräuber an einen Felsen geschmiedet, als Jakob zu mir ermüdet und ächzend eintrat.

Er war ein schöner Jüngling, und ich knüpfte mein Schicksal an das seine. Er bat mich, ihm als seine Gattin nach Staarenberg zu folgen; ich wollte dies aber nicht, um meine Freiheit nicht gänzlich aufzugeben, und machte den Bund mit ihm, daß er mich nie anders sehen sollte als in mondlosen dunklen Nächten. Hierzu gab ich ihm einen Stein, mit der er nur an den Stahl seines Brustharnisches zu schlagen brauche, so werde ich seinen Ruf hören und ihm erscheinen, und zugleich mußte er mir schwören, mich nie auf eine andere, gewaltsamere Art zu rufen.

Jakob ging den Bund ein, und wir lebten glücklich mehrere Jahre. Auch gebar ich ihm einen Sohn, Christel genannt, und eine Tochter Margaretha. Diese zwei Kinder spielten wie ihr Vater gern mit dem Feuer.

Ihr wißt, daß mein Liebling ein roter Hahn ist, der die Gabe hat, wo er hingesteckt wird, alles zu entflammen; diesen hatte Jakob durch vieles Bitten von mir erlangt, und er konnte sich bald mit seiner Lust, die Eigenschaft dieses seltsamen Tieres zu versuchen, nicht mehr bändigen.

Nun hatten die Kinder, während der Vater schlief, diesen Hahn heimlich in seinem eisernen Käfig an das Ufer des Sees genommen, in dem Gedanken, ihn zu waschen und zu baden, womit sie dem Vater eine große Freude zu machen hofften, denn seine Federn waren voll Ruß. Als aber der unvorsichtige Christel ihn auf den Schoß nehmen wollte, entbrannten seine Kleider und er stürzte Hilfe suchend in den See.

Der kleinen Margaretha verbrannte das Tier die blonden Locken, und sie floh geängstigt in den Wald, und indem sie sich im Laube wehklagend wälzte, um das grimmige Tier loszuwerden, fand sie der Einsiedler Berthold Schwarz, nahm sie zu sich, fing den roten Hahn ein und war ungemein erfreut über seine

Beute. Dieser Einsiedler war mein Feind, er beschäftigte sich mit allen geheimen Künsten, um das Feuer zu bannen und zu besprechen, und die Einwohner des Landes umher suchten oft Hilfe bei ihm.

Wenn mein Gemahl ihnen mit seinen ausschweifenden Feuerbelustigungen das Dach über dem Kopf ansteckte, dann wußte er mit wenigen Zaubersprüchen der Flamme bald Einhalt zu tun. Ihr könnt euch denken, wie froh der alte Feuerkünstler war, als er mein Kind und meinen roten Hahn in seiner Gewalt sah, die er beide sorgsam versteckte.

Als der Mond sich verfinstert hatte, und Jakob mich durch das Anschlagen des Steines an seinen stählernen Harnisch zurück rief, wollte ich meine Kinder und meinen roten Hahn sehen, aber beide waren verschwunden. Über die Nachlässigkeit Jakobs ergrimmt, raubte ich ihm den Stein und verließ ihn mit der Drohung, ihn nicht wieder zu sehen, bis er mir meine Kinder und meinen Vogel wieder verschafft. Jakob, über diesen meinen Ernst erbittert, dachte, da ich ihm verboten hatte, mich auf eine andere Art zu rufen als die gewöhnliche mit Stahl und Stein, daß es doch noch ein anderes Mittel geben müsse.

Er forschte Tag und Nacht dem Geheimnisse nach und ward endlich auch mit meinem Feind Berthold bekannt, der ebenfalls keine andere Absicht hatte, als mir zu schaden und auch dem Jakob, der das ganze Land mit seinen Feuerwerkereien verwüstete, das Handwerk zu legen. Jakob eröffnete ihm seine Verbindung mit mir und sagte ihm, wie ich ihm das Mittel geraubt, mich zu sehen.

›Es gibt allerdings Mittel, sie wieder zu Euch zu zwingen‹, sagte Berthold, ›aber sie hat sie Euch entrissen, weil sie dadurch überrascht werden könnte; denn Ihr müßt wissen, wenn sie gleich sich mit Euch verbunden, so hängt sie doch mehr an ihrem früheren Freunde Prometheus, der, seit er sie geraubt, an einen Felsen geschmiedet seufzet, und wenn sie nicht bei Euch ist, sitzt sie bei jenem und tröstet ihn.‹

Der Zorn meines törichten Gemahls ward dadurch auf das höchste gereizt, und er verlangte von Berthold, er solle mich herbannen, es koste, was es wolle. Berthold gab nun meinem Gemahl den roten Hahn und meine Tochter Margaretha zurück und forderte ihn auf, mit ihm zu arbeiten. Die kleine Margaretha mußte Kohlenpulver reiben, Jakob

Schwefel darunter mengen, und Berthold mischte Salpeter dazu. Als sie aber in der besten Arbeit waren, flog der gierige Vogel, der lange gefastet hatte, auf das Gemenge, das er für sein Futter hielt; die Masse entzündete sich plötzlich, warf den Kohlenjockel und meine Margarethe weit zurück und schleuderte den bösen Berthold hoch in die Luft, daß er tot niederschmetterte. Die Berge bebten, Türme stürzten ein, und der See trat aus seinen Ufern. Kaum hatte Jakob sich aus seiner Betäubung etwas erholt, als ich vor ihm stand und ihm zornig sagte: ›Du hast deinen Schwur gebrochen, du hast mich gewaltsam hergezwungen, so hast du mich denn in meiner ganzen Schreckensgestalt gesehen; gehe hin in den Wald mit deiner Tochter Margaretha, die mitgeholfen hat mich zu betrügen, und sei, was dein Beiname dich nennt, der Kohlenjockel.‹ So zog er denn in den Wald, nicht weit von seinem Vater, dem Kauzenveitel, und war ein Köhler, bis das Schicksal dieses Stammes vor einigen Tagen durch meinen Enkel Radlauf den Zweiten entschieden ward.

Als ich nun meinen roten Hahn wieder eingefangen hatte und meinen Rückweg hierher nehmen wollte, sah ich meinen Sohn Christel am Ufer des Sees ohnmächtig liegen. Frau Lureley, eine Nymphe, saß bei ihm und suchte ihn ins Leben zu erwecken; ihr wißt, daß ich in Feindschaft mit den Wasserfräulein lebe, wir kamen in einen Streit um meinen Sohn, in dem sie mich heftig bedrängte, und der sich nur dadurch entschied, daß sie meinen Sohn zurück ins Wasser riß, wohin er ihr auch willig mit dem Ausruf folgte: ›Ein gebranntes Kind scheut das Feuer.‹

Traurig, von meinem Gemahl und meinen Kindern verlassen zu sein, zog ich mich hierher in mein Schloß zurück und trauerte lange. Nun aber, da das Schicksal zu Ende gelaufen, da ich den Kohlenjockel begraben, will ich mich mit der Nymphe versöhnen und, nachdem ich dieses Haus der Trauer zerstört habe, als heiße Schwefelquelle auf ewige Zeiten in diesen Tälern Gesundheit und Wohlsein aussprudeln. Nun rüstet euch, machet ein Geräusch, alle Tiere und Menschen zu verscheuchen, die in der Nähe sind; denn ich will keinen verletzen. Heiß ist der Tag, meine Mutter, das Sonnenfeuer, hat große Gewitter um dieses Felsenhaus gelagert, bald wird der Donner uns begrüßen, die Blitze werden mich suchen und küssen, lasset die Felsen erbeben und murrend den Berg Feuer ausspeien, um meiner Mutter zu antworten.«

Dies sagte Frau Erdfeuerschein mit solchem finsteren Ernst, und ihre Gespielinnen traten so ungestüm auf, ihr Werk zu beginnen, daß ich eilends die Flucht ergriff. Unter mir bebte der Boden, Bäume schlugen um mich nieder, rollende Felsen verfolgten mich, ich erreichte mein Roß mit Mühe, das ängstlich wieherte und unter mir wie ein Pfeil dahinflog.

Bald hatte ich meine Gefährten erreicht, welche die Erschütterung des Berges auch bereits aus ihrem Schutzwinkel aufgeschreckt hatte, und wir eilten nun eine Strecke vorwärts, wo wir sicher die schrecklichen Zornäußerungen der Frau Feuerschein anschauen konnten. Donner und Blitz wechselten mit dem Geprassel des brennenden Waldes; eine heulende Feuersäule stieg aus dem Gipfel des Berges empor und stürzte dann wie eine Fontäne an allen Seiten des Abhangs in glühenden Strömen nieder, die alles entflammten, was sie berührten; zugleich bebte die Erde, ein dunkler Rauch bedeckte den Himmel, und der Sturm trieb Wirbel von glühender Asche vor sich her; der Anblick war entsetzlich und auch in einiger Ferne unbequem; darum führte ich meine Schar wieder in ein geschütztes Tal. Sieh, da trat mein Roß mit dem Huf auf die Wiese und sprang erschreckt beiseite. Ich sah Dampf an der Stelle aufsteigen und sich eine siedende Quelle ergießen. Es war also geschehen, was Frau Feuerschein versprochen, sie hatte sich also mit den Nymphen vereinigt. Ich folgte der Quelle bis zum Rhein, in den sie sich ergoß. Einige Biber, die da ihre Wohnung hatten, verwunderten sich sehr, als sie das heiße Wasser schmeckten, und entflohen. Ich aber ließ meine Gefährten in einem Busche haltmachen, entkleidete mich und stieg in den Rhein, wo die heiße Quelle, sich der kalten Flut mischend, angenehm erwärmt war, um der Erste zu sein, der durch ihre Heilkraft gestärkt würde. Sodann nahm ich meinen Zug eilend den geliebten Strom abwärts nach meiner Mühle.

Wie Radlauf seine Mutter, Frau Lureley, auf dem Mühlrad sitzen sieht, wie sie ihm die Geschichte seines Vaters erzählt, wie er nach Mainz kommt und seine Ameley erlöst.

Schon sah ich den Rochusberg und die dunkle Bergwand, wo der Rhein dem Anblick verschwindet, aber die Sonne sank und ich suchte meine Mühle vergebens. Ich ging auf dem wohlbekannten Pfade über die Wiese und fand meine Mühle nicht mehr; der Mausturm ragte mir gegenüber, den ich auch nie gesehen hatte. Da ich aber noch einen Rest meines Mühldammes erblickte, schwamm ich hinüber und setzte mich drauf. Ich schaute tief gerührt in den teuren Fluß und sang:

»Weiß ich gleich nicht mehr, wo hausen,
Find ich gleich die Mühle nicht,

Seh ich dich doch wieder brausen,
Heil'ger Strom im Mondenlicht.
O willkomm! Willkomm! Willkommen!
Wer einmal in dir geschwommen,
Wer einmal aus dir getrunken
Der ist Vaterlandes trunken.

Wo ich Sonnen niedersenken
Sich zum Wellenspiegel sah,
Oder Sterne ruhig denken
Überm See, warst du mir nah.
O willkomm! Willkomm! Willkommen!
Wen du einmal aufgenommen,
Wen du gastfrei angeschaut,
Keiner Freude mehr vertraut.

Ström' und Flüß' hab ich gesehen,
Reißend, schleichend durch das Land,
Aber keiner weiß zu gehen
Herrlich so durchs Vaterland.
O willkomm! Willkomm! Willkommen,
Schild der Starken, Trost der Frommen,
Gastherr aller Lebensgeister,
Erzmundschenk und Küchenmeister!

Ordensband der deutschen Erde,
Das der Weinstock um sie schlingt,
Wo am gastfrei deutschen Herde

Sie der Helden Wohlsein trinkt.
O willkomm! Willkomm! Willkommen!
Andre Flucht kann mir nicht frommen,
Denn an deinem Ufer lauschen
Wein und Liebe, die berauschen.

Weines Feuer, Liebestreue
Männerkraft und Jungfraunzucht,
Daß mein Herz sich recht erneue,
Hab ich wieder euch besucht.
O willkomm! Willkomm! Willkommen!
Echo, schlag die Freudentrommen,
Daß der Vater Rhein auch höret,
Wie ich bin zurückgekehret.

Laut ich durch die Felsen schreie:
Tauche, alter Flutgott, auf,
Sage, ist lieb Ameleye
Noch getreu und recht wohlauf?
Daß willkomm, willkomm, willkommen
Sie nur, die mein Herz beklommen,
Mich in ihre Arme schließe,
Wie einst hier auf dieser Wiese.

Sag, wer hat den Turm gebauet,
Der so finster aus dem Duft
Von der kleinen Insel schauet,
Auf des Rattenkahles Gruft?

Nicht willkomm, willkomm, willkommen
Scheint er mir dahin gekommen,
Wie ein finstrer böser Riese
Steht er in dem Paradiese.

Wer hat mir so bös zerbrochen
Hier mein gutes Müllerhaus,
Daß mein Rad nicht mehr kann pochen
In des Stromes Lustgebraus?
Nicht willkomm, willkomm, willkommen
Schein ich mir hier aufgenommen,
Seit ich bin ein Fürst geworden,
Stößt mich aus der Müllerorden!«

Ich mochte aber singen und rufen, der alte Rhein hörte mich nicht. Als ich mich nun traurig umwendete und nach dem Platze sah, wo ehedem meine Mühle gestanden, sah ich dort meine Mutter, die schöne Lureley, mit ihren sieben Jungfräulein auf einem umgestürzten Mühlrad sitzen.

Meine freundliche blonde Mutter saß auf der Mitte des Rades, die sieben Jungfräulein aber auf den sieben Speichen. Anfangs war ich scheu, heranzutreten; aber sie sah nach mir und winkte mir mit ihrem Schleier, da trat ich zu ihr in den Kreis und setzte mich zu ihren Füßen. Sie sang hierauf mit ungemein freundlicher Stimme zu ihren Jungfräulein:

Lureley:
»Singet leise, leise, leise,
Singt ein flüsternd Wiegenlied,
Von dem Monde lernt die Weise,
Der so still am Himmel zieht.

Denn es schlummern in dem Rheine
Jetzt die lieben Kindlein klein,
Ameleya wacht alleine
Weinend in dem Mondenschein.

Singt ein Lied so süß gelinde,
Wie die Quellen auf den Kieseln,
Wie die Bienen um die Linde
Summen, murmeln, flüstern, rieseln.«

Herzeleid:
»Wer nie sein Brot in Tränen aß,
Wer nie die kummervollen Nächte
Weinend auf seinem Bette saß,
Der kennt euch nicht, ihr himml'schen Mächte!

Wer einsam nie am Strome ging,
Wer nie wie die trauernde Weide
Sein Haupt zum Spiegel niederhing,
Der weiß noch nichts vom schweren Herzenleide.«

Chor:
»Sieh, wie wandelt der Mond so helle,
Horch, wie eilet die Quelle so schnelle,
Summ, summ, summ,
Kein Tröpflein kommt um.«

Liebesleid:
»Wer vor dem Fels die Hände ringt
Und eines Hirten Liedes fluchet,
Vom Brunn des Mondes nicht mehr trinkt
Den hat das bittre Elend heimgesuchet.

Wer keine Blume brechen mag,
Sie lieber mitleidlos vernichtet
Mit seines Pilgerstabes Schlag,
Den hat der Liebe Leid wohl hingerichtet.«

Chor:
»Sieh, wie schlummern die Blumen so leise,
Horch auf der Nachtigall klagende Weise,
Summ, summ, summ,
Der Schmerz geht herum.«

Liebeseid:
»Wer glaubt, daß der Treue Schwur,
Den leicht die Lippe spricht in trunknen Stunden,
Ein leerer Schall des Rausches nur,
Des Ehre ist an einer Frauen Haar gebunden.

Und wer die Götter lachen hört,
Als er den Liebesmeineid ausgesprochen,
Von dem hat sich der gute Geist gekehrt,
Sein Herz wird mit dem Glückesrad gebrochen.«

Chor:
»Sieh, wie das Auge der Eule glüht,
Horch, wie die Fledermaus rauschend zieht,
Summ, summ, summ,
Der Meineid geht um.«

Liebesneid:
»Wer Steine wirft ins grüne Haus,
Wo treue Turteltauben girren,
Und falsche Lichter stellet aus,
Den Schwimmer auf der Liebesfahrt zu irren;

Wer in dem Taue auf der Flur,
Um einer Hirtin Tugend anzuschwärzen,
Verrät der nächt'gen Liebe Spur,
Der nährt den Wurm des Neids in bösem Herzen.«

Chor:
»Sieh, wie ringelt zwischen Blumen die Schlange,
Horch, wie seufzet die Nachtigall bange,
Summ, summ, summ,
der Neid geht herum.«

Reu und Leid:
»Wer vor der Sünden Strafe bebt
Und nicht vor ihrem innern Tod erschrecket,
Noch fremde Schuld in seine webt,
In dem ist noch die Buße nicht erwecket.

Wer seine Zeit und die Gebrechlichkeit
In seiner eignen Schuld wagt anzuklagen,
Dem hat die Reue und das bittre Leid
Noch nicht so recht ans kranke Herz geschlagen.«

Chor:
»Horch, wie der Wurm im Holz dort naget,
Horch, wie die Weid im Teiche klaget,
Summ, summ, summ,
Die Reue geht um.«

Mildigkeit:
»Wer nie der Vöglein Brut gestört,
Wer auf der Schwalbe frühen Morgensegen
Mit süß erquickter Seele hört,
Der geht der Armut mildreich auch entgegen.

Wer die zerknickte Ähre gerne hebt
Und gern die Mücke aus dem Netz befreit,
Der Spinne schonend, die es sinnreich webt,
Des Herz ist voll von göttlichem Mitleid.«

Chor:
»Sieh, an den Dorn hängt das Lamm die Wolle,
Daß sich das Vöglein weich betten solle,
Summ, summ, summ,
Das Mitleid geht um.«

Liebesfreud:
»Wer lachend früh die Sonne grüßt
Und heiter an den Mittag blicket,
Und fromm im Abendsterne liest,
Zufrieden, wie die Nacht ihr Haus beschicket:

Der wird auch froh in Liebesaugen sehen
Und greifet in das falsche Rad dem Glücke,
Es muß vor seinem Frieden stille stehen,
Daß Liebesfreude gründlich ihn entzücke.«

Chor:

»Sieh, wie lächelt gen Morgen die Ferne,
Horch, wie grüßet die Lerche die Sterne,
Tireli, Tireli –
Der treue Müller ist hie.«

Als die Jungfrauen so gesungen hatten, sprach meine Mutter, Frau Lureley: »Lieber Sohn Radlauf, du hast auf deiner Rückreise hierher die ganze Geschichte deines Stammes gehört; du hast die Erzählung der Frau Mondenschein, der Frau Edelstein, der Frau Federschein, der Frau Feuerschein belauscht; nun will ich dir auch die Geschichte deines Vaters und deiner Mutter erzählen, wir haben noch die Stunde bis Mitternacht, dann, wenn ich fertig bin, ziehst du nach Mainz.

Als der kleine Christel von Staarenberg mit seiner Schwester Margaretha den roten Hahn, während ihr Vater schlief, an den See getragen hatte, in der Idee, ihn dort zu baden, ward der Feuervogel, der das Wasser haßt, sehr ergrimmt; er entzündete dem Christel seine blonden Locken, der vor Angst in den See sprang, und Margaretha nahm aus Furcht, ohne ihren Bruder nach Hause gehen zu müssen und weil der rote Hahn nach dem Walde flog, auch ihren Weg dahin zu dem Einsiedler Berthold. Christel aber brachte seine Zeit in dem Staarenberger See recht angenehm zu. Ich wurde damals bei der Wasserfrau erzogen, und wir wohnten in einem schönen gläsernen Schloß. Meine Neigung zu ihm ward täglich größer, denn er war sanft und bescheiden.

So lebte er beinahe ein Jahr mit uns, als ich einst gegen Abend Arm in Arm mit ihm auf den Stufen des gläsernen Wasserschlosses saß, um zu erwarten, daß der Mond und die Sterne durch das Wasser schimmern sollten, da zuckte ein plötzlicher Feuerstrahl durch die Luft, von einem solchen heftigen Donnerschlag begleitet, daß der See bis auf den Grund erschüttert wurde und sich hoch aufbäumte, zugleich ergriff mich und den kleinen Christel eine Welle und warf uns beide an das Ufer. Christel war ohnmächtig, ich gab mir alle Mühe, ihn zu ermuntern; aber plötzlich kam Frau Feuerschein, seine Mutter, und wollte ihn mir entreißen; ich stritt lange mit ihr und siegte allein dadurch, daß ich meinen lieben Christel wieder ins Wasser zog. Am andern Morgen saß ich wieder mit ihm auf der Schwelle des Wasserschlosses, da sahen wir ein paar Fische auf dem See hinfahren, die laut klagten, daß Herr Jakob von Staa-

renberg verschwunden sei und der Erbprinz und die Prinzessin auch, und daß nun kein Mensch wisse, wer das Land regieren solle. Christel, der diese Worte hörte, war sehr betrübt und sagte zu mir: ›Liebe Lureley, ich wollte, ich wäre wieder auf dem Schloß!‹ und begann heftig zu weinen. ›Lieber Christel‹, erwiderte ich ihm, ›nach Hause kannst du leicht kommen; wenn die Fischer das Netz auswerfen, darfst du nur hineinspringen, so ziehen sie dich hinauf; aber wird es dir nicht leid tun, mich zu verlassen?‹ – ›Ach, freilich wird es mir leid tun‹, sagte Christel, ›und drum sollst du mitkommen und immer bei mir bleiben.‹ – ›Das kann ich nicht, lieber Christel‹, sagte ich, ›so gern ich auch wollte, aber wenn du dir eine Mühle dort an den See bauen läßt und manchmal hineingehst, so will ich dich dort besuchen.‹ Christel versprach mir das, wir umarmten uns, das Netz der Fischer war nah, Christel sprang hinein, und als die Fischer es aufgezogen, begleitete ich ihn noch bis an die Oberfläche des Wassers.

Die Freude der beiden Fischer beim Anblick ihres jungen Fürsten war ungemein, und als sie sahen, daß er lebte, hätten sie bald vor überraschender Freude das Netz wieder fallen lassen. Aber Christel faßte schnell den Rand des Kahns und sprang heil und gesund hinein zu ihnen. Nun knieten die Fischer vor ihm nieder und baten ihn, er möge ihrer in Gnaden gedenken. Er versprach ihnen alles Gute, sie führten ihn zurück und brachten ihn unter dem Jubelgeschrei aller Staarenberger auf das Schloß. Da er noch sehr jung war, so wurde ihm der Vorschlag gemacht, einen Vormund zu wählen, und er wählte, ohne sich lang zu besinnen, den ältesten der beiden Fischer, die ihn errettet hatten. Das erste, um das er seinen Vormund bat, war die Erbauung einer Mühle am See, zum Andenken seiner Rettung. Die Mühle ward bald aufs allerzierlichste erbaut, und er besuchte sie häufig. Auch wurden ihm zwölf schöne junge Knaben als Mühlknappen gekleidet zugesellt, die ihm in allem gehorchen mußten. In der Kammer der Mühle aber war ein Loch im Boden, das man auf- und zumachen konnte, und da kam er, wenn er sich in der Kammer eingeschlossen hatte, bald zu mir, bald ich zu ihm.

So lebten wir wie Gespielen und Geschwister wohl zehn Jahre lang, als unser Glück unterbrochen zu werden drohte. Meine Mutter kam, mich aus dem Staarenberger See abzuholen; sie sagte mir: ›Du bist groß genug, jetzt selbst einem See vorzustehen, und ich will dich nach Laach, wo ein schöner See in der Nachbarschaft des alten Rheines entstanden ist, bringen, da kannst du zeigen, was du hier gelernt hast; es ist dort sehr still und fromm, die heilige Genovefa liegt nicht weit von dort begraben, auch wird dort am See ein prächtiges Kloster erbaut und ist es ein recht schicklicher stiller Ort für dich.‹ Die Worte meiner Mutter machten mich sehr betrübt; ich bat sie, mich hier zu lassen; aber sie wollte nicht einwilligen, und als sie einen goldenen Ring an meinem Finger sah, schöpfte sie einen Verdacht, den sie verschwieg.

Als die Nacht herankam, schlich ich mich von ihrem Lager und eilte zu Christel in die Mühle, dem ich unter Tränen erzählte, daß ich ihn verlassen müsse. Er weinte auch sehr und ich schwur ihm, sobald wiederzukehren als möglich und sein Weib zu werden.

Gegen Morgen verließen wir uns, aber meine Mutter war mir gefolgt und hatte uns belauscht. Sie schmähte mich aus und sagte mir: ›Lureley, du wirst sehr unglücklich sein, du hast dich einem Staarenberger verbunden und er wird dich verraten, wie alle seine Vorfahren ihre Frauen verraten haben; lasse von ihm ab.‹ Da weinte ich heftig und sagte ihr, daß ich das nicht könne. ›Wohlan‹, sagte meine Mutter, ›du sollst deinen Willen haben; die Bedingung aber sei, daß du sein Weib wirst, ohne daß er weiß, wer du bist, und daß du ihn nie ganz für seine Verräterei verlassen darfst.‹ Ich mußte mich ihrem Willen fügen, und sie brachte mich den andern Morgen in den Laacher See.

Hier war ich einsam und traurig; meine Ufer waren mit alten Eichen bedeckt; nur der Glockenklang vom Chorgesang der Kirche unterbrach die Stille, und ich hatte alle Zeit, meiner Sehnsucht zu meinem lieben Christel nachzuhängen.

Ein Jahr war herum, und da meine Mutter sah, wie ich mich kümmerte, sagte sie mir: ›Lureley, gehe hin, wohin dein Herz dich treibt, aber gib dich nicht zu erkennen.‹ Ich verließ also beim Anbruch des Frühlings meinen Aufenthalt und begab mich in der Gestalt, wie du mich siehst, nach Staarenberg. Diese Kleidung, dieses Aussehen habe ich von einem hessischen Bauernmädchen entliehen, die ich auf meiner Reise im Walde Erdbeeren suchen sah und die an einem Brunnen, in dem ich übernachtete, heftig über ihre böse Stiefmutter weinte. Sie war so wunderschön und lieblich, daß ich sie der Brunnenfrau herzlich empfahl und mich ganz so gestaltete wie sie, und wenngleich meine eigene Gestalt glänzender und reizender ist als diese, so hat doch niemals ein so edles, frommes und schönes Menschenbild gelebt als dieses. So kam ich nach Staarenberg und setzte mich in den Wald, nicht weit von der Mühle, und hatte ein Körbchen voll Erdbeeren im Schoß. Es war am Morgen, Christel kam von der Mühle her, und es freute mich zu sehen, daß er die Mühle noch besuchte. Er

schien mir sehr traurig, als er mich aber sah, erheiterte sich sein Antlitz, er war durch meinen Anblick gerührt.

Er setzte sich zu mir ins Gras, er aß von meinen Erdbeeren und gewann mich so lieb, so lieb, daß er mich bat, seine Ehegattin zu werden. Traurig willigte ich ein, weil ich sah, daß er mich nicht kannte und daß er mich also vergessen hatte. Doch machte ich ihm die Bedingung, mich unter harter Strafe am siebenten Tage in der Woche in der Nähe der Mühle allein zu lassen und nie nachzuforschen, was ich dann mache. Er versprach mir alles heilig und brachte mich nach Staarenberg. Wir hielten Hochzeit und lebten glücklich.

Nach einem Jahre gebar ich ihm zwei Söhnlein, schön und lieblich wie die Engel. Ich zog die Kinder auf und sie waren schon ziemlich herangewachsen und begleiteten mich immer Freitag abends, wenn ich nach der Mühle ging, bis an die Türe. Christel aber wollte nie mitgehen nach der Mühle, denn er dachte heimlich, was er mir dort einst unter anderer Gestalt geschworen hatte, und hatte drum kein gutes Gewissen.

Nun hatten meine beiden Söhnlein einen Lehrer, der sehr weit gereist war; es war ein ernsthaft wunderlicher Mensch, trug immer rote Strümpfe und weiße Hosen und Rock; er war sehr pathetisch und melancholisch und führte die Kinder zurück von der

Mühle. Christel brachte, während ich abwesend war, immer seine Zeit mit ihm zu, und dieser verdrießliche Mann erregte zuerst die Neugierde in ihm, zu wissen, wer ich sei und was ich in der Mühle den Sonnabend mache. Christel ließ sich von ihm verführen; doch wagte er es nicht, selbst zu lauern, weil ich es ihm zu streng verboten hatte; der Hofmeister aber übernahm es, meine beiden Söhnlein dazu abzurichten, und die armen Kindlein ließen sich von dem Schelm verführen.

Am folgenden Morgen schlichen sie sich in die Mühle mit dem Schulmeister; ich saß in dem offenen Boden der Kammer, wo ich sonst Christel besucht hatte, in meiner Wasserjungfergestalt mit meiner Mutter, die mir die Haare kämmte, da traten der Schulmeister und meine zwei Kinder herein. Ich erschrak, daß ich ohnmächtig wurde, meine Mutter aber sagte: ›Sieh, liebe Lureley, daß ich recht prophezeite, man verrät dich.‹ Und somit verwandelte sie meinen Sohn Georg in eine weiße Maus, den Philipp aber in einen Goldfisch und den Schulmeister in einen Storch und sprach: ›Ziehe fort mit ihnen, Verräter, und lasse dich nicht wieder sehen, bis die Kleinen durch ihre Treue und Tugend wieder gutgemacht haben, was sie jetzt verderben wollten.‹ Sogleich nahm der Storch die weiße Maus und den Goldfisch in den Schnabel und flog eilends davon. Ich war sehr traurig über den Verlust meiner Kinder;

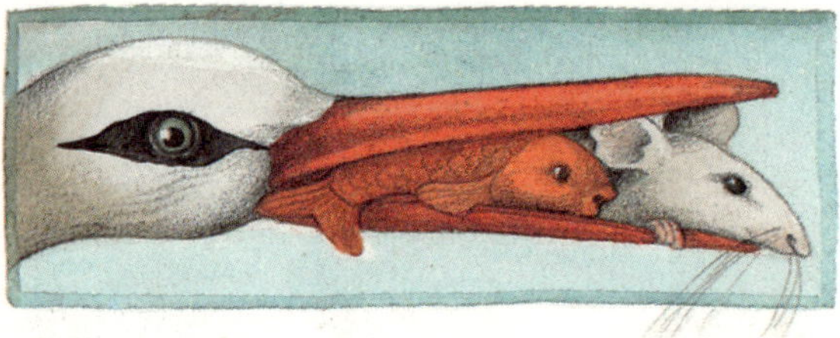

aber meine Mutter sagte mir: ›Sei ruhig, sie sind gut aufgehoben, du wirst sie einst in Ehren wiedersehen.‹

Als ich nach Staarenberg zurückkehrte, fragte mich Christel nach den Kindern und ich sagte ihm, die Wasserfrau habe sie vor meinen Augen geraubt. Da ward Christel sehr traurig und dachte, es müsse eine Strafe der Wasserfrau sein, weil er sie verlassen.

Als ich aber am nächsten Sonnabend wieder in der Mühle war, ließ sich Christel von den zwölf Knappen verführen, mich zu überfallen, als ich im Bade saß, und Christel sah, daß ich von der Brust hinab die Gestalt eines Fisches hatte. Erzürnt sprach ich zu ihm: ›Du verrätst mich zum zweiten Mal, dafür bestrafe ich dich und nehme dir das Gedächtnis‹, und somit bespritzte ich ihn und die Knappen mit Wasser und verschwand.

Christel wußte nun nichts mehr davon, daß er Fürst von Staarenberg gewesen, daß ich sein Weib war; er und seine Knappen hielten sich für Müller von jeher, und trieben es, wie es andere Müller auch treiben, und da die Einwohner von Staarenberg sahen, daß ihm auf keine Weise einzureden sei, daß er jemals ihr Herr gewesen sei, ließen sie ihn bleiben, was er wollte und brachten ihm ihr Korn zu mahlen. Da ich ihn nach dem Schwur meiner Mutter nicht verlassen konnte und ihn auch immer noch liebte, besuchte ich ihn wieder in dieser meiner Verkleidung und brachte ihm Getreide zu mahlen. Er liebte mich von neuem; ich machte von neuem den Bund mit ihm, daß er mich am siebenten Tag in einem Erlenwäldchen verlassen mußte.

Ich begab mich dann immer nach jener Insel, wo du die Frau Mondenschein gesehen und wo in der Höhle die Frau Aglaster begraben liegt. In dieser Höhle erwachte ich in der Sonntagsnacht und sah wieder zwei schöne Knäblein bei mir liegen, die ich dem Christel bringen wollte; das eine hatte Frau Mondenschein im Arm, das andere der Geist der Frau Aglaster. Frau Mondenschein sagte: ›Der Knabe soll Radlauf heißen und sein Geschlecht in die Höhe bringen.‹ Frau Aglaster sagte: ›Der Knabe soll Hans heißen, und wenn er durch Schwätzerei ein Star geworden, sollen alle Staarenberger wieder Staren werden, bis er so freiwillig stirbt wie ich.‹

Erschrocken über den Anblick der zwei Frauen und ihre Reden, sprang ich auf und nahm der Frau Aglaster das Kind mit Gewalt, sie lachte und verschwand. Frau Mondenschein aber gab mir das Kind freundlich lächelnd und sagte mir: ›Dieser dein Sohn

Radlauf wird ein König werden und dir Freude machen.‹ Dann verließ sie mich.

Ich kehrte zu Christel zurück, er freute sich über die Kinder, und wir erzogen sie mit vieler Liebe und Sorgfalt.

Als aber Hans vier Jahre alt war, begann er bereits seinen geschwätzigen Charakter zu zeigen: Alles, was er hörte, plauderte er nach und ängstigte mich nicht wenig mit seinem Vorwitz. Ich begab mich seit der Geburt meiner Kinder nicht mehr nach der Insel, weil ich mich vor Frau Aglaster fürchtete, und ging statt dessen in ein nahes Erlenwäldlein, wo eine schöne Quelle floß, und kam dort mit meiner Mutter zusammen. Die frechen Mühlknappen führten allerlei Reden über meine Abwesenheit, Hans schnappte sie auf und ging vorwitzig, gegen das strenge Verbot, abends in den Erlenwald, mich zu belauschen. Meine Mutter erblickte ihn, ergriff ihn und wollte ihn soeben in einen Staren verwandeln; aber ich bat sehr für ihn und sagte ihr die Drohung der Frau Aglaster. Da ließ sich meine Mutter rühren und sagte: ›Wohlan, ich überlasse es der Frau Aglaster, ihn einst selbst zu strafen; aber hier muß er weg, er verrät dich sonst spät oder früh, ich nehme ihn mit an den Rhein und lege ihn zu Mainz dem König vor die Schwelle, der mag ihn erziehen.‹ Sie nahm ihn und verschwand.

Als ich in die Mühle zurückkehrte, lagen die Knappen noch alle schlafend; sie waren abends vorher auf einer Kirchweih gewesen; jeder hatte noch ein Stück Kirmeskuchen neben sich, und ich sagte ihnen zur Strafe: ›Schlafet so lange, bis mein armer Hans begraben ist.‹ Nun ging ich zu Christel und sagte ihm: ›Deinen Sohn Hans wirst du nicht wiedersehen, seine Neugierde ist bestraft worden; ich selbst verlasse diese Gegend und ziehe an den Rhein, wo ich her bin; verlassen werde ich dich nicht, wenn du mir getreu bleibst‹ – und nach diesen Worten verschwand ich vor seinen Augen. Christel blieb nun keine Stunde mehr im Land, er nahm dich, lieber Radlauf, an der Hand und zog an den Rhein und baute hier diese Mühle.

Hier lebte er anfangs still und ruhig und studierte viel; ich kam oft zu ihm und schenkte ihm Gold und Silbersand und Perlen, und er ward sehr reich; du warst ein guter frommer Jüngling.

Ich baute mir damals ein Schloß und wohnte zugleich mit der Frau Echo darin, es ist der Lureleyfelsen bei St. Goar. Während ich da arbeitete, zog die

Königin von Trier durchs Land und übernachtete bei Christel auf der Mühle. Er bewirtete sie so herrlich und zeigte ihr soviel Silber und Gold, daß sie eine große Liebe zu ihm gewann und ihn beredete, seine Mühle zu verlassen und ihr zu folgen.

Christel besann sich nicht lange, er packte seine Schätze auf ein Schiff und zog mit ihr nach Trier; dich ließ er zurück, du warst damals sechs Jahre alt, und so verlassen fand ich dich eines Morgens in der Mühle. Nun war mein Unwille gegen deinen Vater sehr groß; ich stand am Rhein und klagte, da stieg der alte Rhein aus seinen Wellen hervor und sagte: ›Geh nach Haus, Frau Lureley, in den Echofels und lebe für dich einsam, ich will mich deines Kindes annehmen.‹ Ich folgte seinem Rat, küßte dich und zog in mein neues Schloß. Der alte Rhein gab dir einen Wassermann zum Erzieher; es war jener alte Knappe, den du für deinen Vater hieltst, und der dich in deinem sechzehnten Jahr, als du ein vollkommener Müller warst, verließ. Du glaubtest, er sei ertrunken, da du ihn vor deinen Augen in den Fluß stürzen sahst; aber er lebt noch und ist der Wächter in dem Wasserschloß des alten Rheins.

So lebtest du nun ruhig und fromm eine lange Zeit und fingst einst einen Staren, den du sehr liebgewannst; dieser war niemand anders als dein Bruder Hans, an dem der Fluch der Frau Aglaster wahr geworden ist. Hans war vor der Schloßtüre des Königs von Mainz, wo ihn meine Mutter hingelegt hatte, gefunden worden, und zwar von der kleinen Prinzessin Ameley, deiner Braut; er wurde mit ihr erzogen, und als er heranwuchs, liebte er sie sehr, und sie war ihm auch gut; aber seine außerordentliche Schwätzerei war ihr zuwider. Als sie ihm dieselbe vorwarf, versprach er ihr hoch und teuer zu schweigen; sie sollte ihn auf irgendeine Probe stellen. Sie willigte ein und schenkte ihm ihre goldne Haarnadel mit dem Verbot, sie nie zu zeigen und nie davon zu reden, daß sie sie ihm gegeben habe. Aber Hans konnte der Versuchung nicht widerstehen, als die andern Pagen mit ihm zusammenkamen, mit seiner Nadel zu prahlen: siehe, da verwandelte er sich plötzlich in einen Staren und flog davon. Zugleich kam er ganz wieder zu Sinnen, er wußte, wer er war, er wußte, daß er ein Fürst von Staarenberg sei, und flog nach Staarenberg aufs Schloß; kaum war er dort angekommen und hatte sich auf dem Turmknopf niedergelassen, als sich alle Staarenberger wieder in Stare verwandelten. Frau Aglaster erschien ihm und erzählte ihm die ganze Geschichte seines Stammes. Er besuchte den Grubenhansel, den Kauzenveitel, den Kohlenjockel und sah sie alle mit stummer Traurigkeit an und flog dann hierher zu dir in die Mühle, wo er saß, bis er sich vor den Augen der Prinzessin Ameley aus Liebe mit der Nadel ermordete. Dein Vater lebte nun als König von Trier mit der Königin, der er gefolgt war, und sie schenkte ihm einen Sohn, den Rattenkahl. In der Nacht nach seiner Geburt erschien ich ihm im Traum und warf ihm seine Treulosigkeit vor und bat ihn, in sich zu gehen. Er versprach es mir heilig, aber er hielt es nicht, und da ihm nach mehreren Jahren die Königin den kleinen Mausohr schenkte, verwandelte ich ihn zur Strafe seiner Falschheit in den Rattenkönig. – So ist meine und deine Geschichte, das Übrige ist dir bekannt.« – »Ach!« unterbrach ich hier die Frau Lureley, »so ist dann der gute Rattenkönig mein Vater? O liebe Mutter, helfet ihm, verzeihet ihm; und wo sind meine Brüder Weißmaus und Goldfisch hingekommen? Ach, werde ich sie alle nicht wiedersehen?«

»Mein Sohn«, sagte sie, »jetzt breche auf und ziehe nach Mainz wie ein Fürst und Herr ein, dort wird sich alles entwickeln; erzähle alles, was du erfahren hast, und es wird dir deine Braut werden.«

Nach diesen Worten umarmte sie mich, ihre Gespielinnen sprangen auf und riefen alle: »Heil dir, König von Mainz!« und so stürzten sie in den Rhein und ich hörte das Echo noch lange rufen: »Heil dir, König von Mainz!«

Kaum hatte Radlauf so weit erzählt, als alle Bürger auch laut riefen: »Heil dir, König von Mainz!« und es auf dem Rhein erschallte: »Heil dir, König von Mainz!« Ein goldenes Schiff, mit Schwänen bespannt, schwamm ans Ufer; daraus stieg ein würdiger alter

Herr mit grauem Bart und einer Fürstenkrone, daraus stieg die schöne Ameley, wie eine Braut geschmückt, daraus stiegen zwei wunderschöne Prinzen, der eine ganz in Silber, der andere ganz in Gold gekleidet, daraus stieg ein ehrbarer alter Schulmeister mit roten Strümpfen.

Es waren der Rattenkönig, Weißmäuschen und Goldfischchen und der Storch, die wieder ihre Gestalt angenommen. Der Jubel des Wiedersehens war allgemein.

Christel ward von den zwölf Knappen empfangen und zog bald mit ihnen nach Staarenberg als Fürst zurück. Prinz Georg und Prinz Philipp blieben noch bei Radlauf, der Ameley heiratete; Mausohr kam auch auf die Hochzeit, der Schullehrer Storch ward oberster Präzeptor im ganzen Land.

Kaum war die erste Freude etwas vorüber, als sich die Mainzer Bürger an ihre neue Königin Ameley herandrängten und nach ihren Kindern im Rhein fragten. »Sie befinden sich alle recht wohl«, sagte Frau Ameley, »und besinnt euch nur auf hübsche Märchen, so werden sie bald wie ich befreit werden; von nun an sollen alle Morgen hier Märchen erzählt werden, und morgen früh wird der Anfang gemacht . . .«

Rattenkahl
Mausohr
Georg-Weißmäuschen
Margaretha
Christel-Rattenkönig
Königin v. Trier
Jakob-Kohlenjockel
Veit-Katzenveitel
Johannes-Grubenhansel
Damon

Phillip-Goldfischchen
Hans Starenberg
Müller Radlauf
Ameleya
Frau Lurely
Stammbaum des Hauses Starenberg
Frau Phosphor Feuerschein
Frau Phönix Federschein
Frau Edelstein
Frau Mondenschein

Henning Boetius
Dornröschen wachküssen
Plädoyer für eine Volksausgabe der »Rheinmärchen«

Dieses Nachwort ist kein Beitrag zur Märchenforschung, auch wenn von der Problematik des Märchenbegriffs am Rande die Rede sein wird. Es ist ein Plädoyer für den Versuch, die Märchen Clemens Brentanos aus ihrem Dornröschenschlaf in der Burg der Brentanokenner zu erlösen, sie wachzuküssen und heimzuführen. Denn sie verdienen – ebenso wie Dornröschen – geliebt zu werden.

Es sind schon weit über hundert Jahre vergangen, und die Dornenhecke um diese Texte hat sich nicht wie im Grimmschen Märchen von selbst geteilt und den Königssohn eingelassen, von dem es heißt, daß er mutig gewesen ist, jedoch glücklich nur, weil er zufällig im rechten Augenblick gekommen ist.

Ich finde, der rechte Augenblick ist im Falle der Brentanoschen Märchen wirklich gekommen, und Mut braucht der Leser nur insofern, als er vor der Kompliziertheit und Länge der Texte nicht vorschnell erschrecken darf.

Es ist schon wahr, die Hecke um diese Märchen ist aus ihnen selbst hervorgewachsen, und sie war immer schon eine Mischung von Dornen und großen schönen Blumen. Anders als im Dornröschenmärchen wird es auch bei dieser schwierigen Mischung bleiben, solange man nicht als Herausgeber sozusagen gärtnerisch eingreift und die Märchen bearbeitet, was im übrigen ihr Wesen und ihre Eigenart zerstören würde.

Schon die Zeitgenossen und sogar der beste Freund Clemens Brentanos kamen mit dieser Wuchsart seiner Märchen nicht zurecht, denn Achim von Arnim schreibt an die Halbgötter des deutschen Märchens, die Gebrüder Grimm, am 22. Oktober 1812 – also kurz nach dem Entstehen der »Rheinmärchen« –, dergleichen Texte seien »keineswegs wie Eure Sammlung etwas, das im Kinderkreise gelebt ohne weitere Verdauung unmittelbar zu den Kindern übergehen kann, sondern ein Buch, das in den Eltern die Art der Empfindsamkeit anregt«.

Auch wenn Arnim sie so als »Erwachsenenmärchen« klassifiziert, ist er mit ihnen unzufrieden, denn er fährt fort: »... was ich als einen wirklichen Fehler darin tadle, ist nur die Art eitler Koketterie, mit einer gewissen Fertigkeit in allerlei poetischen Worten zu prunken, die nach meiner Meinung sein Talent schon lange untergräbt.«

Die Spindel, an der sich Brentanos Märchen müde gestochen haben, ist ein Vorurteil, und es scheint bis heute überlebt zu haben. Dieses Vorurteil hängt zusammen mit der unglücklichen Unterscheidung in Volks- und Kunstmärchen.

Dem Begriff Kunstmärchen haftet seit dem Erscheinen der Grimmschen Sammlung der Kinder- und Hausmärchen etwas Abwertendes an. Kunstmärchen, so heißt es, sind vielleicht ein schöner Lesezeitvertreib für literarisch versierte Feinschmecker, sie haben jedoch nie die mythische Substanz des sogenannten Volksmärchens, das an der archaischen Einfachheit seiner Figuren und Handlungsmuster sofort erkennbar ist.

Zweierlei ist – bezogen auf Brentanos Märchen – diesem Vorurteil entgegenzuhalten.

Erstens: die sogenannten Volksmärchen sind in Wirklichkeit nichts anderes als Kunstmärchen besonderer Art.

Die Auswahl der berühmten Märchensammlung der Gebrüder Grimm ist vom Zufall geprägt; ihre sprachliche Gestaltung ist eine geniale stilistische Bearbeitung der Brüder. Die Mode, von Volkspoesie zu reden, hatte im achtzehnten Jahrhundert vor allem durch Herder begonnen und in der Romantik, der die Gebrüder Grimm angehören, ihren Höhepunkt erlangt. Es gab so etwas wie eine Folklorebewegung, eine romantische Version des »Zurück zur Natur« der Aufklärung. Der Begriff »Volk«, der sich mit den Begriffen des »Wilden« und des »Kindes« berührt, war also eine ideologische und ästhetische Konstruktion, in der sich das erstarkende Bürgertum sonnte. Es gab vor dem Bug des Fortschritts eine Welle der Nostalgie, die auch dem

»typischen«, sprich: dem Volksmärchen zum Durchbruch verhalf.

Zweitens: die sogenannten Kunstmärchen vom Typ der Brentanoschen Märchen könnte man ebensogut als Volksmärchen besonderer Art bezeichnen. Wie die Grimmschen Märchen stellen sie alle möglichen mündlichen und schriftlichen Traditionen zusammen. Auch hier gibt es das Standardrepertoire der typischen Märchenfiguren samt den dazugehörigen Handlungsklischees. Daß es hier jedoch insgesamt bunter und chaotischer zugeht, ja, daß die typischen Märchenfiguren teilweise ganz schön aus der Rolle fallen oder sich Handlungs- oder Beziehungsstränge so verknäulen, daß sie schwer entwirrbar sind bzw. reißen, ist überhaupt kein Merkmal von Künstlichkeit. Ursache ist vielmehr eine Märchenfigur, die sich im typischen Märchen nicht findet, jedoch charakteristisch für Brentano ist: die Sprache selbst. Sie tritt in seinen Texten und insbesondere in den Märchen gleichberechtigt neben den Königen und Müllern und Prinzessinnen auf, ja sie ist selber mal Zauberer, mal böse, mal gute Fee und am liebsten redendes Tier. Sprachwitz und Klangschmelz und Bilderflut sind wie Brüder und Schwestern, die auf den Handlungsverlauf ebenso Einfluß nehmen wie Könige und Schneider. Ja, oft scheint ihr Einfluß sogar größer zu sein und der Autor die Beschwörungsformel vergessen zu haben, mit der er den

Zauberlehrling, seine Sprache, zum Stehen bringen kann.

Ist man als Leser in der Lage, die Sprache als Märchenfigur genauso zu akzeptieren wie die anderen, verschwindet sofort der Eindruck der Künstlichkeit. Leider sind wir dem spielerischen Umgang mit Sprache durch Erziehung meist entwöhnt und neigen daher zum Vorurteil, solch Sprachmagie sei künstlich oder gar gekünstelt.

Die bürgerliche Ästhetik des neunzehnten Jahrhunderts sah im Märchen die Regeln des Natürlichen entweder unbewußt (Kinder- und Volksmärchen) oder bewußt außer Kraft gesetzt (Kunstmärchen). So leicht hatte es sich die Kunsttheorie der Frühromantik noch nicht gemacht. In ihr wurde das Außerkraftsetzen der Hausordnung des Realismus selbst als natürlich empfunden. Brentano ist deutlich von dieser Ansicht geprägt. Das Märchen war für ihn eine Form der Epik, die besonders viel Freiraum gewährte; zum Beispiel war die Vermischung der Gattungen Lyrik, Drama, Prosa hier eher möglich als im Roman. So ist es vielleicht kein Wunder, daß er dem Märchen fast sein ganzes Leben lang treu bleibt und eigentlich nur diesem Teil seines Werkes gegenüber die für ihn sonst so bezeichnende Publikationsscheu überwindet. Die meisten Märchen entstehen in dem Jahrzehnt zwischen 1805 und 1815, in dem sich Brentano vielleicht noch am ungebrochensten zu seiner Dichterprofession bekannte. Die Rheinmärchen liegen der Entstehungszeit nach in der Mitte dieser Periode. Brentano hat bis zu seinem Tod immer wieder versucht, sie zu publizieren. Dabei wußte er genau, wie verletzlich seine sprachliche Akrobatik ist. Für dieses Jonglieren mit Versatzstücken der Märchentradition, mit Symbolen und Wortspielen, Sentimentalität und bissiger Ironie war das gedruckte Buch nicht die richtige Bühne. Hier drohten all jene Mißverständnisse, von denen hier die Rede ist.

Dennoch: 1816 bietet Brentano die Rheinmärchen einem Berliner Verleger zum Druck an. Er schreibt an ihn über sein Manuskript: »Ich habe es vielen Kindern vor Jahren gelesen, und sie fragen mich noch oft danach. ... Der Plan des Buches ist folgender. Durch ein märchenhaftes Geschick geraten alle Kinder der Stadt Mainz und auch die Kronprinzessin Ameleya in die Gewalt und den Gewahrsam des alten Flußgottes Rhein und wohnen bei ihm in einem gläsernen Haus. Ein Müller von feenhafter Abkunft wird der Bräutigam der Prinzessin und König von Mainz. Nun sitzt er auf seinem Throne vor den Bürgern immer morgens am Fluß, und da werden Märchen erzählt; denn der alte Flußgott hat sich erboten, jedes einzelne Kind gegen ein an seinem Ufer erzähltes Märchen herauszugeben. ... Viele Kinder können durch kleine Lieder und Sprüche oder auch kleine rührende historische Ereignisse ausgelöst werden; kurz, der Plan bietet einen Faden für alle Gattungen kindlicher Dichtung dar und kann eine ganze poetische Kinderwelt umfassen. Zugleich nimmt er alle Leser der Tieck'schen Märchen und die Verehrer der Undine in Anspruch, ohne je die Geschlechtsliebe auf eine Art zu seinem Gegenstande zu machen, welche ganz aus der kindlichen Sphäre träte.«[1]

Man spürt, wie sich Brentano hier unter der Markt- bzw. Zielgruppenproblematik »Volks- oder Kindermärchen« bzw. »Kunstmärchen« (dessen Hauptvertreter Tieck und Fouqué sind) windet. Überraschenderweise wird jedoch eine Parteinahme für die »poetische Kinderwelt« deutlich. Brentano scheint die Kinder als Zielgruppe in einer Weise »ernst« zu nehmen, die man heutzutage oft vermißt. Wenn er Kin-

1 Clemens Brentanos Briefe. Hg. Friedrich Seebaß. Nürnberg 1951, Bd. II, S. 169ff.
Geblieben von diesem Projekt eines Märchenzyklus ist die Rahmenerzählung: die vom Müller Radlauf, der König von Mainz wird. Von den vielen Märchen, die den Rhein dazu bewegen sollen, jeweils eines der Mainzer Kinder freizugeben, hat Brentano nur zwei geschrieben: das »Märchen vom Murmeltier« und das »Märchen vom Schneider Siebentot auf einen Schlag«: Diese beiden Märchen sind in der vorliegenden Ausgabe weggelassen, um die Geschichte vom Müller Radlauf – den Rahmen, dessen Blätterwerk den ursprünglichen Plan vollkommen überwuchert hat –, geschlossen dastehen zu lassen.
[Anmerkung des Verlages]

der als Kronzeugen für die Wirkung seiner Märchen anführt, dann deutet er insgeheim an, sich selber zu ihnen zu rechnen. Er ist auf ihrer Seite, denn er ist selber ein Kind geblieben, das Wirklichkeit und Phantasie noch nicht als Gegensätze erlebt.

Dies ist keineswegs eine Übernahme der Gleichung Kind = Volk = Natürlichkeit = Naivität = magisches Denken. Diese der bürgerlichen Dichtungstheorie des neunzehnten Jahrhunderts entstammende Gleichung wäre zutiefst unbrentanesk. Kindsein ist im Gegenteil die Fähigkeit, eine komplexe poetische Welt zu schaffen, auch wenn in ihr vielleicht nicht gerade die Geschlechtsliebe enthalten ist – jedenfalls nicht im Sinne der Erwachsenen. Es gibt dafür aber eine starke Erotik der Bilder, Klänge und Symbole. Brentano selbst hat aus eigener Kindheitserfahrung den Prototyp einer solchen poetischen Kinderwelt beschrieben. Es ist sein Ländchen Vadutz, in dem er bei Bedarf ein Leben lang Zuflucht findet vor der sogenannten Wirklichkeit der Erwachsenenwelt. Von dieser phantastischen Rumpelkammer heißt es in der Zueignung zum Gockelmärchen: »... das Ländchen Vadutz aber habe ich von Jugend auf seines kuriosen Namens wegen gar lieb gehabt, ohne doch je zu wissen, wo es eigentlich liegt; ich habe auch nie darnach gefragt, um nicht aus einem jener Träume zu kommen, welche die Pillen der sogenannten Wirklichkeit vergolden. Vadutz ist mir noch jetzt das Land aller Schätze, Geheimnisse und Kleinodien und dort ist mir das Thule, wo der König den liebsten Becher, ehe er starb, in die Flut hinabgeworfen. ... Alle Wundergebirge der Geschichte, Fabel- und Märchenwelt, Himmelaya, Meru, Albordi, Kaf, Ida, Olymp und der gläserne Berg lagen mir im Ländchen Vadutz. Alle seltsamen, merkwürdigen und artigen Dinge, von den Reichskleinodien bis zum Nürnberger Guckgläschen à 4 kr., in dem Erbsen, Goldblättchen und blauer Streusand, unter einem Vergrößerungsglas geschüttelt, alle Schätze der Welt darstellen, schienen mir Vadutz zu sein. In der sogenannten Schachtelkammer des Hauses voll abenteuerlichen Gerümpel war mir das Archiv von Vadutz ...«[2]

Aus diesem Archiv kommen auch Brentanos Märchen. Insofern sind sie Kindermärchen, allerdings nicht im Sinne der von Erwachsenen bei Kindern vermuteten Naivität, sondern im Gegenteil, im Sinne der von Brentano beschworenen Kompliziertheit und Raffinesse ihrer Phantasie. Spannung, Logik, kompositorische Klarheit versinken hier im wahrsten Sinne des Wortes wie des Königs liebster Becher in den Fluten des Erzählens. Wer dies bedauert, begreift nicht, daß auch die Vernunft nur ein manierlich gekleideter Harlekin ist.

2 Clemens Brentanos Werke, Hg. Wilhelm Kemp, München 1965, Bd. III, S. 619f.

Von seinen ersten Märchenprojekten aus dem Jahre 1805 an betont Brentano mit einer für sein chamäleonartiges Wesen erstaunlichen Hartnäckigkeit, daß er seine Märchen, wenn überhaupt, dann nur illustriert veröffentlicht sehen will. Dies verwundert zunächst, da seine Sprache doch schon so bilderreich und visuell ist. Brentano gibt in vielen Briefen auch an, wie er sich die Bilder vorstellt: »nüchterne Klarheit«, »kräftige, deutlich illuminierte Bilder für Kinder«, »Bilder von höchster Einfachheit«, »gut erfundene, naive Bilder«.[3] Bis ins Jahr 1840 gehen diese Anweisungen.

Offensichtlich sollten die Illustrationen nicht einfach den Geist des Textes spiegeln. Weder Echo noch Schmuck, noch Ergänzung sollten sie sein, sondern eigenständiger Bestandteil. Die von ihnen geforderte Klarheit, die auch die Illustrationen dieser Ausgabe auszeichnet, soll die manchmal chaotische Musik der Brentanoschen Sprache nicht einengen, sondern kontrapunktisch in sie verwoben sein. Dies entspricht auch am ehesten den Vorstellungen der Romantik von einem Gesamtkunstwerk.

Wem es gelingt, wieder ein wenig kindlich zu lesen, dem wird die Kompliziertheit dieser Märchen nicht im Wege stehen. Selbst wer vornehmlich die

3 Einen Überblick über diese Briefstellen gibt: Dichter über ihre Dichtungen, Clemens Brentano. Hg. Werner Vordtriede, München 1970, S. 170–186.

schönen Stellen sammelt und sonst einiges überliest, wird auf seine Kosten kommen. War nicht Sammeln von glitzernden Dingen auch eine Leidenschaft der Kindheit? Jedenfalls hätte eine sogenannte kindgemäße, in Wahrheit jedoch erwachsenengemäße Straffung die Aura der Texte zerstört. Die Archive von Vadutz verschließen sich solchen Eingriffen.

Brentano hat sich übrigens als Autor im Staren Hans porträtiert:

Einst war ich Fürst von Staarenberg,
Mein Maul stand damals überzwerch;
Doch ich habe so viel geschwätzt,
Daß es ein Schnabel ward zuletzt.

Es ist wahr: er hat nie geredet, wie ihm der Schnabel gewachsen war, sondern sein Reden hat ihm den Schnabel erst verliehen. Deshalb muß man ihn auch dran lassen und als Leser wenigstens so höflich sein wie die schöne Ameley, die den armen Hans ganz und gar verzehrt, nachdem sie ihm seine Schwätzerei verziehen hat.

Der Text der vorliegenden Ausgabe folgt dem der 1846/47 von Guido Görres veranstalteten Edition der »Märchen des Clemens Brentano«. Lediglich Orthographie und Interpunktion wurden vorsichtig dem modernen Gebrauch angeglichen. Die ebenfalls zum Komplex der »Rheinmärchen« gehörenden »Märchen vom Murmeltier« und »Märchen vom Schneider Siebentot auf einen Schlag« sind in die vorliegende Ausgabe nicht aufgenommen worden

Herstellung Grit Fischer, Frankfurt am Main
Satz Dörlemann Satz GmbH, Lemförde
Papier 100 g mattgeglättet holzfrei Werkdruck
der Firma Ernst A. Geese GmbH, Hamburg
Lithographie Fischer Reprotechnik, Frankfurt am Main
Druck Johannes Weisbecker, Frankfurt am Main
Bindung Realwerk G. Lachenmaier, Reutlingen
Printed in Germany 1988 ISBN 3 7632 3532 0